Matthias Karutz

»Ir liabn meini singa ...«

Matthias Karutz

»Ir liabn meini singa …«

Anregungen und Hintergründe zum heutigen Verständnis der Oberuferer Weihnachtsspiele

Urachhaus

ISBN 3-8251-7152-3

Erschienen 1997 im Verlag Urachhaus

Umschlag: Walter Schneider unter Verwendung eines Fotos von
Christoph Valentien, fotografiert bei einer Aufführung des Christgeburtspiels in
der Freien Waldorfschule am Kräherwald, Stuttgart, am 18. Dezember 1996
Druck: Offizin Chr. Scheufele, Stuttgart

Inhalt

Vorwort

Die drei Weihnachtsspiele aus Oberufer sind heute vielen Menschen bekannt. Um die Mitte des letzten Jahrhunderts von dem Wiener Germanisten Karl Julius Schröer aufgeschrieben und damit der Vergessenheit entrissen, wurden sie zu Beginn unseres Jahrhunderts von Rudolf Steiner neu eingerichtet und an verschiedenen Orten aufgeführt.

Mit der Ausbreitung der Pädagogik Rudolf Steiners lernten immer mehr Kinder und Erwachsene die Spiele kennen, weil sie in den meisten Waldorfschulen vor, dann aber hauptsächlich nach dem Zweiten Weltkrieg zu einem festen Bestandteil der Weihnachtszeit wurden.

Viele Menschen haben in Krieg und Gefangenschaft große Stärke geschöpft aus den Urbildern, die dank der Spiele in ihnen lebten. In der Erinnerung unzähliger ehemaliger Waldorfschüler leben auch viele ihrer Lehrer als diejenigen ›Kumpanei-Singer‹ fort, die sie verkörpert haben und mit denen sie gleichsam verschmolzen. Auch die Kompositionen von Leopold van der Pals trugen dazu bei, daß diese Spiele zu einem Schatz des Jahrhunderts geworden sind, durch den viele Menschen sogar einen neuen Zugang zum Christentum gefunden haben.

In den letzten Jahren ist vieles anders geworden: Der Besuch der Aufführungen durch Erwachsene ging zurück, immer weniger Schüler haben das Bedürfnis, die Spiele Jahr für Jahr zu sehen; auch immer mehr jüngeren Lehrern bedeuten die Spiele nicht mehr viel. Sind wir dabei, die Spiele ein zweites Mal zu verlieren?

Es gibt viele Gründe für den sich vollziehenden Wandel. Einer davon ist, daß uns Heutige etwas nur noch bedingt ergreift, was so stark auf der Gemütsebene lebt. Dabei sind die Oberuferer Spiele in einer tiefen spirituellen Geistigkeit gegründet. Sie erschließt sich dann, wenn man selbst an die Spiele nicht nur gemüthaft herangeht. Ob man sich in eine Rolle einzuleben beginnt, die man spielen wird, ob man sich auf eine einführende Ansprache vor einer Aufführung vorbereitet, ob man Regie bei einem Spiel führt, ob man mit einer Schulklasse vor einer Aufführung – oder nach ihr – über die Spiele spricht oder ob man nur im stillen, eigenen Kämmerlein die Spiele studiert – die Kunstwerke beginnen sich zu offenbaren: Sie erweisen sich von Begegnung zu Begegnung als tiefer, sie halten jedem Nachdenken stand, sie geben immer neue Wahrheiten preis – und bleiben doch immer noch voller Rätsel. Im Gewande schlichter Bauerndichtung stehen ganz bedeutende Kunstwerke vor uns.

Die vorliegenden Ansprachen und Aufsätze sind herausgewachsen aus über fünf Jahrzehnten herzlichen und bewundernden, aber auch kritischen Lebens mit diesen Spielen aus Oberufer. Vielleicht können sie auch andere zu solcher Beschäftigung anregen.

Die Ansprachen wurden nicht nachträglich bearbeitet; sie werden so wiedergegeben, wie sie in der Freien Waldorfschule am Kräherwald in Stuttgart gehalten wurden; darum blieben auch die Anreden und die Bezüge zum Tagesgeschehen erhalten.

In großem Dank für die kulturelle Tat Schröers und Steiners können sich alle vereinigt fühlen, die in den drei Weihnachtsspielen aus Oberufer alte christliche Geistigkeit neu finden.

Stuttgart, im Januar 1997
Matthias Karutz

Ansprachen

Ansprachen zum Paradeisspiel

Jedes Jahr dieselben Spiele?

Liebe Schülerinnen und Schüler,
als am Ende des letzten Krieges, 1944, 1945, viele viele Menschen als Flüchtlinge aus den Gebieten des deutschen Ostens in das verbliebene deutsche Mutterland zurückfluteten, da kamen sie auch wieder in die Gegenden, aus denen 400 Jahre vorher viele Auswanderer ausgezogen waren. Um die Mitte des 16. Jahrhunderts haben viele Bauern aus dem Oberschwäbischen, aus dem Bodenseegebiet sich aufgemacht und sind nach Osten gezogen. In Ulm haben sie sich eingeschifft und sind die Donau hinuntergefahren nach Preßburg. Dort verzweigt sich die Donau: zwei Arme umgreifen mit dem in der Mitte liegenden großen Fluß zwei Inseln – nicht so klein wie in Monrepos, sondern immerhin bis 180 Kilometer lang! – Auf diesen Inseln siedelten sie sich an, hier bewahrten sie Volkstum und Sprache.

Diese Auswanderer sind sicher nicht viel reicher gewesen als die Flüchtlinge dieses Jahrhunderts. Aber sie führten doch einen Schatz mit sich, den sie bewahrten: das sind die drei Weihnachtsspiele. Und die haben sich erhalten, bis der Wiener Gelehrte Karl Julius Schröer eine der letzten Aufführungen sah, die Spiele aufschrieb und herausgab. Später übermittelte er seine eigenen Eindrücke einem seiner Schüler, Rudolf Steiner, dem Begründer der Waldorfschulen. Und seither werden diese Spiele jedes Jahr in den meisten Waldorfschulen gespielt.

Mancher fragt sich, weshalb man diese Spiele denn jedes Jahr wieder aufführt? Wir kennen sie doch nun wirklich!

Das ist eine sehr berechtigte Frage. Aber ist es denn wirklich das gleiche in zwei Jahren? Gewiß, die Spiele sind dieselben – aber *wir* sind es nicht. Wir haben seit dem letzten Weihnachtsfest viel hinzugelernt, wir haben vielleicht Menschen verloren, vielleicht haben wir neue Menschen kennengelernt; vielleicht haben wir aber auch in einem Menschen, den wir schon lange gekannt haben, plötzlich eine ganz neue Eigenschaft entdeckt – wir sind vielleicht einsamer, vielleicht reifer, auf alle Fälle anders geworden. Und dadurch werden auch die Spiele anders.

Jene, die diese Spiele schon seit vielen Jahrzehnten immer wieder sehen, können es bestätigen: Wenn man nur selbst nicht derselbe bleibt, dann entdeckt man immer wieder Neues in den Spielen.

Und Eure Lehrer, die sich freuen, Euch diese Spiele auch in diesem Jahr wieder schenken zu können, die wünschen Euch, daß es Euch auch so ergehen möge. Und sie glauben, daß Euch das gelingt, wenn Ihr ganz still und aufmerksam die großen Bilder von der Erschaffung des Menschen auf Euch wirken laßt.

Ansprache vor der Schüleraufführung des Paradeisspiels am 19. Dezember 1972

Adam und Eva im Blickpunkt von Engel und Teufel

Liebe Schülerinnen, liebe Schüler, liebe Kinder,
wie in jedem Jahr, so sind auch jetzt viele Kinder hier im Saal, die unsere Oberuferer Weihnachtsspiele zum ersten Male sehen werden. Sicher habt Ihr schon vieles von Euren Eltern, Euren Lehrern und vielleicht auch von älteren Geschwistern gehört, von Gottvater auf seinem Thron, vom Engel Gabriel, vom Teufel, von Adam und Eva und auch vom guten Baumsinger mit seinem kleinen Bäumchen, so daß Ihr schon ganz gespannt seid.

Aber wie in jedem Jahr, so ist sicher auch jetzt so mancher hier im Saal, der die Frage hat: Weshalb werden diese Spiele eigentlich Jahr für Jahr aufgeführt – immer genau die gleichen Spiele? Die kenne ich doch nun wirklich!

Das ist eine ganz ganz berechtigte Frage; ich glaube, es gibt kaum einen Waldorfschüler, dem diese Frage nicht einmal durch den Kopf gegangen ist. Weil ich selber auch ein ehemaliger Waldorfschüler bin, deshalb will ich zu dieser Frage einen Gedanken äußern – und den können sicher alle verstehen, weil ja heute nur die großen Schüler im Saal sind – die beiden ersten Klassen sind ja nicht hier.

Wenn jetzt gleich der Vorhang aufgeht und uns den Blick freigibt, dann kommen die Gestalten des Paradeisspiels auf die Bühne, die das Paradies ist. Der Baumsinger ruft sie erst herbei; dann aber treten sie in eine Ordnung ein, in diejenige Ordnung, die die Weltenordnung ist.

Und die Welt ist so geordnet, daß Adam und Eva, wo sie auch sind, immer stehen und gehen zwischen dem Engel und dem Teufel. Was Adam und Eva auch tun: Engel und Teufel schauen ihnen zu. Und nicht etwa als gleichgültige, stumme Zuschauer, sondern als hellwache, aktiv handelnde Geister.

Es geht auch uns allen täglich nicht anders als Adam und Eva: auch uns wird immerzu hellwach zugeschaut, auch wenn wir das gar nicht sehen und deshalb vielleicht auch nicht wahrhaben wollen.

Unsere Aufgabe ist es als Menschen, so wach und so geistesgegenwärtig zu sein wie nur irgend möglich, um immer das Rechte zu tun. Daran sollten wir uns immer wieder erinnern.

Wenn das einmal im Jahr geschieht, und dazu noch mit diesen wunderbaren Spielen aus dem Mittelalter aus Oberufer – dann ist das sicher nicht zuviel!

Ansprache vor der Schüleraufführung des Paradeisspiels am 18. Dezember 1976

Friede und Unfriede

Liebe Schülerinnen und Schüler, liebe Kollegen, liebe Gäste,
seit einigen Jahrzehnten herrscht in unserem Lande Frieden. Und doch ertönt seit einiger Zeit der Ruf nach Frieden, ganz

besonders eindringlich seit dem verflossenen Herbst. Da kann man sich doch fragen: Woher kommt eigentlich der Unfriede?

Wir Menschen sind ja geneigt, bei Auseinandersetzungen immer bei anderen die Schuld zu suchen. Meist ist es ja auch so, daß die Ursachen nicht bei uns liegen. Aber ob die Ursachen für den Unfrieden auch zum Unfrieden führen, das hängt wiederum sehr oft von uns ab. Sind wir stark genug, friedlich und friedfertig zu bleiben?

Es ist das eine Frage, die ebensogut auf dem Schulhof studiert werden kann wie in der Weltpolitik, – und das versteht Ihr Kleineren hier vorn ebensogut wie ganz dort oben die Großen.

In dem Spiel, das Eure Lehrer auch in diesem Jahr wieder für Euch und Eure Eltern und für uns alle aufführen, da herrscht ein wunderbarer Frieden. Gottvater hat Adam und Eva erschaffen, und sie leben in Harmonie und Frieden mit den Pflanzen, mit den Tieren, mit den Elementen und auch miteinander. Aber Adam und Eva sind noch schwach oder, wie es im Spiele heißt: dumm, und sie können nicht widerstehen, als einer kommt, um Unruhe zu stiften. So werden sie selbst mitschuldig und müssen es bitter büßen. So ist der Unfrieden in die Welt gekommen. Er ist bis heute in der Welt geblieben, und er wird weiter da sein. Dieser leibhaftige Unfriede, der ist eine sehr tätige Kraft und sucht immerzu nach Menschen, die schwach und dumm sind und seinen Einflüsterungen verfallen.

In der letzten Zeit tritt ein Gedanke immer mehr in das allgemeine Bewußtsein, bis in die Mathematik hinein: der Gedanke vom Urbild und vom Abbild. Hier in den Oberuferer Spielen treten uns die Urbilder von Frieden und Unfrieden entgegen. Deshalb macht uns besonders das Paradeisspiel so betroffen, weil es uns alle immerfort betrifft!

Ansprache vor der Schüleraufführung des Paradeisspiels am 20. Dezember 1983

Spiel und Ernst

Liebe Schülerinnen und Schüler, liebe Mitarbeiter und Lehrer, warum sprechen wir eigentlich von ›Spielen‹, wenn wir an Dramen denken, die einen so ernsten Inhalt haben wie unsere Weihnachtsspiele? Sind ›Spiel‹ und ›Ernst‹ nicht Gegensätze? Wird nicht oft davon gesprochen, daß erst das Spielen kommt – und dann der ›Ernst des Lebens‹?

Ich glaube, wir alle wissen das besser. Wir alle wissen, daß richtiges Spielen eine sehr ernste Angelegenheit ist. Sie ist so ernst, daß mancher es sogar erst richtig lernen muß. Auch Eure Lehrer, die nun für uns die Oberuferer Weihnachtsspiele aufführen, haben das richtige Spielen lange üben müssen, bis die Darstellung so geworden ist, daß der große, tiefe Ernst dieser großartigen Dichtungen uns zum Bewußtsein kommen kann.

Ernst des Lebens – was versteht man darunter? Darunter versteht man das Berufsleben, das Erwerbsleben, den Kampf gegen Konkurrenten, den Ärger mit Vorgesetzten, mit Untergebenen oder mit Arbeitskollegen; die Last der Verantwortung für eine Familie, für einen Hof, für ein Krankenhaus oder für ein Unternehmen, man denkt an Sorgen durch Krankheit, Not und Armut, man denkt vielleicht an Alter und Einsamkeit und die Gleichgültigkeit der anderen, vielleicht denkt man daran, ausgenutzt zu werden.

Deshalb muß man – so sagen viele –, um den ›Lebenskampf‹ bestehen zu können, sehen, daß man zu seinem Sach' kommt, man darf sich nicht übervorteilen lassen, man muß »sich selbst der Nächste« sein, man muß seine Ellenbogen gebrauchen, man muß hart werden.

Wer nach dieser Devise lebt und rafft und hart wird, der wird allerdings oft nur gegen andere hart. Es liegt auf solcher Härte, die nur an sich denkt und nichts hingibt, kein Segen.

Im Paradeisspiel erfahren wir, wie den Menschen das Leben geschenkt wird, wie sie das Stehen und Gehen lernen, wie ihnen das Sprechen, ja das Denken gegeben wird, wie ihnen die ganze Erde hingegeben wird.

Da steht allerdings eine ganz andere Haltung vor uns. Eine solche Haltung ist heute vielen Menschen sehr sehr fremd; ja sie nehmen sie gar nicht so richtig ernst.

Um so aufmerksamer sollten wir dem Spiele folgen!

Ansprache vor der Schüleraufführung des Paradeisspiels am 18. Dezember 1984

Ansprachen zum Paradeis- und Christgeburtspiel

Die Spiele: eine Trilogie der Freiheit

Sehr verehrte, liebe Eltern, liebe Freunde, verehrte Anwesende, wir freuen uns sehr, daß Sie gekommen sind und unseren Saal bis auf den letzten Platz füllen. Sie sagen uns damit, daß die wunderbaren Spiele aus Oberufer auch Ihnen Wesentliches bedeuten.

Man kann sich die Frage stellen, *warum* einem diese Spiele eigentlich so viel bedeuten. Wir Lehrer müssen uns diese Frage immer wieder stellen; denn nur, wenn wir diese Frage beantworten können, können wir als Schule den großen Aufwand an Kraft, an Zeit und auch an Kosten verantworten, den die Probenarbeit erfordert, und nur dann können die Spiele auch richtig wirken.

Bei der fragenden Beschäftigung mit den drei Spielen, beim Nachsinnen des mittelalterlich gestalteten Geschehens der Schöpfung und der Christgeburt können sich einem immer neue Wahrheiten enthüllen, immer neue Zusammenhänge, immer neue Gesetzmäßigkeiten; und es ist nicht möglich, diese Spiele auszuloten. So möge es erlaubt sein, einen Gedanken, einen Aspekt anzusprechen.

Im Paradeisspiel wird Adam und Eva nur ein einziges Gebot gegeben. Als sie dies Gebot übertreten, spricht der Herr:

> Siach hier, wie is Adam worden so reich:
> Einem Gode is er worden gleich.
> Er waß das bes und a das guat …

Die Augen wurden ihnen aufgetan; sie können das Böse und das Gute erkennen und unterscheiden. Sie haben ihre Unschuld verloren und können deshalb nicht länger im Paradiesesgarten bleiben, – aber sie sind unendlich viel freier geworden.

Mit der Freiheit aber ist es so eine Sache. Mit ihr umzugehen, das will gelernt sein. Man kann sie nicht eigentlich haben, man kann sie nur leben. Das muß jeder Mensch immer neu üben, ganz gleich, an welchem Platze er steht. Frei sein heißt ja nicht, daß man ohne Bindungen ist, sondern frei sein heißt, innerlich aktiv zu sein, heißt, sich aus Erkenntnis seiner Lage für einen Weg zu entscheiden und ihn zu gehen, hier auf unserer Erde, die so voller Scheidewege ist.

Das Christgeburtspiel und das Dreikönigspiel zeigen uns Menschen der verschiedensten inneren Entwicklungsstufen. Schauen wir diese Menschen einmal an unter dem Gesichtspunkt der Freiheit, so wie sie handeln und aus welchen Motiven heraus sie das tun. Etwa die drei Wirte: kühle Berechnung der eine, ungezügelte Habgier der zweite, scheinbar gutmütig der dritte, – aber alle drei lassen den Christus nicht ein in ihr Haus. Es leuchtet hinter dem historischen Geschehen das zeitlos Gültige auf; die Gestalten der Spiele werden zu Urbildern, deren Abbilder wir selber sind. Das Geschehen der Spiele wird unsere Gegenwart.

Verehrte Anwesende, wir sind in der glücklichen Lage, in einem äußeren, politisch-rechtlich garantierten Freiheitsraum leben zu dürfen. Sind wir deshalb auch freie Menschen? Wir sind es nur dann, wenn wir diesen äußeren Freiheitsrahmen auch ausfüllen. Das geschieht, wenn wir uns innere Freiheit täglich neu zu erringen versuchen. Wir Menschen müssen das tun; wir müssen es jeder für sich tun, und wir müssen das tun als Menschengemeinschaften.

Dem Menschen treten auf seinem Wege geistige Gegenkräfte entgegen. In ihrem Interesse liegt es, daß der Mensch seinen Weg nicht findet, sondern in die Irre geht. Um dies zu erreichen, bedienen sie sich besonderer Mittel.

Das erste Mittel ist die Lüge. Wir finden sie im Paradeisspiel, wenn sich der Teufel freut:

I hob die zwo person betroga,
Hob's aus'm paradeis geloga ...

Das zweite Mittel, einen Menschen von seinem Weg abzubringen, ist Spott und Hohn, ist das Lächerlich-Machen. Das begegnet uns im Christgeburtspiel. Als sich die Hirten nach der Anbetung so recht bewußt werden des gewaltigen Geschehens, das sie soeben erlebt haben, da ist es der Gallus, der lebenspraktische, der sagt:

Åba wenn ma dös unsern gsölln werdn sågn,
Was si ollhier hot zugetrågn,
Kan glaubn werdn sie uns gebn,
Sondern a groß glåchter erhebn ...

Das dritte Mittel ist das der Drohung und der brutalen Gewalt; das erleben wir auf eindrucksvolle Weise im Dreikönigspiel. Herodes bewirkt die blinde Pflichterfüllung seines Hauptmannes beim Kindermord keineswegs nur mit Gold, sondern mit der massiven Drohung:

Lås di bestechn mit koaner gab,
Sonst kost's *dei* lebn ...

Wir brauchen uns nur umzuschauen oder einen Blick in die Tagespresse zu werfen, um es mit Händen zu greifen, wie brennend aktuell die Spiele aus Oberufer sind: Adam und Eva zwischen Engel und Teufel, der Mensch im Kräftespiel zwischen helfenden und hemmenden Geistern auf seinem Weg zur inneren Freiheit, zur Christgeburt in seinem Inneren.

Die Weihnachtsspiele aus Oberufer bilden eine Dreiheit, die so besehen eine echte *Trilogie der Freiheit* ist.

Begrüßungsansprache vor der öffentlichen Aufführung von Paradeis- und Christgeburtspiel am 21. Dezember 1976

Vertreibung und Flucht

Verehrte Gäste, liebe Eltern und Freunde,
liebe ehemalige Schüler,
ich heiße Sie heute abend sehr herzlich willkommen zur Aufführung der ersten beiden Oberuferer Weihnachtsspiele. Die drei Spiele aus Oberufer in Österreich, die das Weihnachtsfest umrahmen und eine Einheit bilden, sind echte, große Kunstwerke. Besonders durch die Arbeit Rudolf Steiners haben sie ihre uralte Kraft auf wunderbare Weise so erhalten, daß sie frisch und jung und ursprünglich wirken können.

Wie alle große Kunst können auch diese Spiele nicht ausgelotet werden. Es ist schon so viel über sie nachgedacht, geschrieben und gesagt worden, daß ich mich zur Einstimmung auf einen Gedanken beschränken darf. Es ist das dreifache Vertriebenenschicksal, das Dreifache eines Draußen-vor-der-Tür-Stehens.

Aus dem Paradeis werden Adam und Eva vertrieben, weil sie sich schuldig gemacht haben, indem sie aus Schwäche und Dummheit den Einflüsterungen des Schwarzengels nicht widerstanden haben.

Im Dreikönigspiel erleben wir, wie Joseph und Maria mit dem Jesusknaben vor dem beinahe perfekt organisierten Kindermassenmord des Herodes ihr Land, ihre Heimat fliehend verlassen, schuldlos.

Und sogar in dem mittleren Christgeburtspiel, in dem doch sonst alles Geschehen vom Licht der Geburt des Jesusknaben vergoldet ist, erleben wir das erbarmungslose Nichtaufgenommenwerden der wenig zahlungskräftigen Wanderer: Das Austreibungsmotiv des ersten Spiels leuchtet wieder auf, das Flüchtlingsmotiv des dritten Spiels bahnt sich unglückverheißend an.

Obwohl jedes der drei Spiele eine geordnete Welt schildert, herrscht in allen dreien Aufbruch, Aufbruch zu unerwarteten neuen Lebenssituationen, die bewältigt werden müssen. Aber es sind diese Lebenssituationen zugleich Weltensituationen, und wir alle sind betroffen, ganz besonders auch unsere Kinder.

Seit langem ist der Ruf, ja der Schrei nach Frieden nicht so laut gerufen worden wie heute – und wahrscheinlich ist dieser Schrei noch niemals so bis ins Mark erschütternd gewesen, weil es noch niemals so vielen Menschen so deutlich war, wie es »am Tage danach« auf der Erde aussehen würde.

In diesen Oberuferer Weihnachtsspielen treten vor uns hin Frieden und Unfrieden. In den Urfrieden des Paradieses bricht der Unfrieden ein. Dieser Unfrieden ist aber nicht ein an irgendeine Wand gemalter Papiertiger, sondern er ist eine dynamische geistige Macht, die seither unter den Menschen wirkt.

Mit dem Christus tritt ein neuer Frieden in die Welt, und auch er wirkt seither unter den Menschen. Urbilder stehen auf, Menschheitsgeschichte wird lebendig. Dieser Urbilder wegen spielen wir die Spiele.

Jeder Mensch, der ins Leben hinaustritt, muß tief in sich ein Wissen von Frieden und Unfrieden haben, ein Wissen vom Entstehen des Unfriedens. Nur dann kann er in kritischen Lebenssituationen, wenn er ganz auf sich allein gestellt ist und nach einem Maßstab für sein Tun sucht, einen solchen Maßstab finden.

Es ist keine romantisierende Nostalgie – dieses Pflegen der Spiele, dieses Pflegen der Urbilder. Im Gegenteil: Die Zukunft soll gestaltet werden, aber das kann nur, wer Geschichte hat, die lebendig in ihm wurzelt.

Wenn ich sage, daß wir die Spiele in erster Linie für die Kinder aufführen, dann werden Sie mir das nicht übelnehmen, sondern, so hoffe ich, meinen Wunsch verstehen, daß Sie vor allem mit den Augen Ihrer Kinder das Geschehen dieser drei Spiele auf sich wirken lassen mögen. Wer die Spiele kennt, weiß es: sie können Lebenssubstanz für die Seele im besten Sinne sein.

Mögen Sie den erneuerten Frieden, den die Christgeburt für die Menschheit gebracht hat, in die Weihnachtszeit hineinnehmen, in sich, in Ihre Familien, in Ihre Umgebung. Das ist wie in jedem Jahr auch heuer unser herzlicher Weihnachtswunsch.

Begrüßungsansprache vor der öffentlichen Aufführung des Paradeis- und Christgeburtspiels am 21. Dezember 1983

Ansprachen zum Christgeburtspiel

Das Weihnachtsspiel – ein Friedensspiel

Liebe Schülerinnen und Schüler,
haben wir gestern die gewaltigen mythologischen Bilder von der Erschaffung des Menschen im Paradies gesehen, so stellen uns die beiden anderen Oberuferer Weihnachtsspiele mitten hinein in das irdische Geschehen. Jahrtausende sind vergangen; die Menschheit ist krank geworden. Und nun sendet Gott den Heiland.

Wir sehen die Christgeburt im Dreikönigspiel mit den Augen der Könige – mit denen der Weisen aus den uralten Dynastien sowohl als mit denen des modernen Herodes, der sich aus eigener Kraft zum Tyrannen gemacht hat.

Und wir sehen sie im Christgeburtspiel mit den Augen der armen Hirten.

Obwohl sich dies so abgespielt hat, wie das Spiel es uns zeigt, handelt es sich hierbei doch nicht nur um ein ›historisches Drama‹, sondern auch dieses Spiel hat urbildhafte Züge, die es auch heute modern, ja zukünftig sein lassen: Immer, wenn sich ein Neues, ein Geistiges auf die Erde begeben will, dann kann es den Eingang nur dort finden, wo Hunger und Armut herrscht, wo Not und Elend bekannt sind. Die Reichen und Satten sind zu hart – sie sind um so härter, je härter die Währung ist, in der sie bezahlen. Sie können nicht sehen, daß arme Menschen reich sein können – so reich, daß sie davon noch abgeben können. Und wenn sie es sehen, können sie es nicht begreifen. Dieser Reichtum, das ist der Friede. Das ›pax vobiscum!‹ – Der Friede sei mit euch! – das ist der wahre

Reichtum. Und deshalb ist dieses Weihnachtsspiel auch ein wirkliches Friedens-Spiel.

Ansprache vor der Schüleraufführung des Christgeburtspiels am 20. Dezember 1972

Wer sich auf den Weg macht, kann das Licht finden

Liebe Schülerinnen und Schüler, liebe Kinder,
das Spiel, das wir heute sehen werden, ist das eigentliche Weihnachtsspiel: Die Geburt des Christuskindes in einer Welt, die voll ist von Härte und Selbstsucht, von Kälte und Dunkelheit, von Leid und Armut. Es tritt in diesem Spiel kein Teufel auf wie im Paradeisspiel und im Dreikönigspiel; und doch ist der Teufel auch hier ganz allgegenwärtig. Es ist, als laste über dem Leben der Menschen schwer der Schatten seines Armes, den er nach den Menschenseelen ausstreckt. Wenn der Engel zu den Hirten kommt, um ihnen die Freudenbotschaft von der Christgeburt zu bringen, da können noch nicht einmal diese guten Menschen, die so reinen Herzens sind, gleich den Engel erkennen. Geblendet von dem hellen Licht, das plötzlich um sie ist, fürchten sie sich, der Gallus gar denkt an ein Gespenst, das ihn schrecken will.

Schwer ist es geworden für die Menschen, sich zurechtzufinden auf der Erde – die Nacht, die hereingebrochen ist, ist zu finster geworden.

Aber diejenigen, die sich dennoch auf den Weg gemacht haben, die können das Licht finden. Davon erzählt uns das Christgeburtspiel.

Ansprache vor der Schüleraufführung des Christgeburtspiels am 21. Dezember 1976

Reichtum und Armut im Palästina der Zeitenwende

Liebe Schülerinnen und Schüler, liebe Kollegen, liebe Gäste, das Spiel, das wir heute sehen dürfen, führt uns in ein reiches Land, das um die Zeitenwende bestand. Palästina liegt im Schnittpunkt bedeutender Fernhandelsstraßen. Aus Europa und Asien, aus Afrika und Arabien werden Waren zu Lande und zu Wasser hierhergebracht: Erze und Metalle wie Kupfer und Zinn, Silber, Quecksilber und Gold und alle möglichen Werkzeuge und Waffen; Marmor und andere wertvolle Steine, Halbedelsteine und Edelsteine; wertvolle Hölzer, kostbare Stoffe aus Baumwolle und Seide, Wolle und Flachs, golddurchwirkt oder purpurgefärbt; Korallen und Perlen, Schildpatt und Perlmutt, Bernstein und Schwämme; Leder und Lederwaren wie Sättel und Zügel, Riemen und Peitschen; Felle, Pelze und Pergament; aber auch Lebensmittel wie Getreide und Salz, Fisch und Fleisch, Wein und Gewürze; Weihrauch und andere Harze, Holzkohle, Elfenbein, Öl, Papyrus und tausend andere Waren, – auch Sklaven. Hier wird geboten und nachgefragt, gefeilscht, verkauft und gekauft und getauscht; hier wird Geld verdient, schweres Geld. Ihr wißt ja, was ›schweres Geld‹ ist: es ist Gold.

Dieses Handelsleben sehen wir angedeutet mit den Gestalten der Wirte, denn wo sich Handelspartner einig waren, da haben sie zusammen etwas gegessen und getrunken.

Wir werden allerdings in ganz bescheidene Kreise geführt, die es damals natürlich auch gab: zu Handwerkern und Schafhirten. Harte Arbeit forderte von ihnen das karge Leben. Diese einfachen Menschen erzählen sich ihre Sorgen, und wir erfahren, wie da plötzlich diese kostenpflichtige Volkszählung in ihr Leben hineinplatzt und ihnen neue Sorgen aufbürdet. Im Gegensatz zum Dreikönigspiel, das uns an die Höfe von vier Königen führt mit ihren Bediensteten, ihren gelehrten Ratgebern und ihrem Militär, leuchtet hier im Christgeburtspiel das Leben der großen weiten Welt nur dem Hörensagen nach herein – und durch seine Auswirkungen. Aber die wenigen Andeutungen des Spiels genügen uns, um zu begreifen, wie anders die Umgebung ist, in die das

Jesuskind hineingeboren wird. Und während die Potentaten in Rom und auch in Jerusalem das Ende einer Weltenzeit in äußerer Macht und in äußerem Reichtum genießen, beginnt hier im Stall von Bethlehem in der bittersten Not ein neues Welt-Zeitalter. Mitten hinein in die Welt des Raffens und der Geldgier, der Machtgier und des Egoismus, mitten hinein in die Welt des Unfriedens tritt das ›pax vobiscum!‹, das ›Friede sei mit Euch!‹.

Schauen wir uns dieses mittlere der drei Spiele jetzt an, das einen neuen Frieden verheißt, und versuchen wir, diesen Frieden in die Weihnachtstage hineinzutragen und nicht zerdrücken zu lassen vom Unfrieden und seinen Auswirkungen!

Ansprache vor der Schüleraufführung des Christgeburtspiels am 21. Dezember 1983

Die Spiele: immerwährende Gegenwart

Liebe Schülerinnen und Schüler, liebe Mitarbeiter und Lehrer, Palästina war eines der reichsten Länder im Altertum. Nicht durch reiche Bodenschätze oder durch eine überquellende Naturfruchtbarkeit, sondern durch den Fernhandel. Palästina ist der End- und Ausgangspunkt vieler Handelsstraßen zu Lande und zu Wasser gewesen, die die entferntesten Plätze Europas, Afrikas und Asiens miteinander verbanden.

Reich waren allerdings in erster Linie die Kaufleute und Händler, die merkwürdigerweise in die Weihnachtsspiele keinen Eingang gefunden haben. Zu einem gewissen Reichtum waren auch diejenigen gekommen, in deren Behausungen die auf dem Markt abgeschlossenen Handelsgeschäfte nach uralter Sitte besiegelt wurden durch gemeinsame Einnahme von Speise und Trank: die Gastwirte. Und sie sind ja in dem Spiel vertreten. So erleben wir wirklich den Gegensatz von Reich und Arm – ohne daß Reiche da sind, können wir ja gar nicht von Armen sprechen.

Arm waren die Bauern und Hirten in dem kargen Land, und

arm waren auch Joseph, der alte Zimmermann, und seine Frau Maria.

In das Leben dieser Armen mitten hinein wurde das Christkind geboren, und in dieses Leben führt uns das Spiel des heutigen Nachmittags.

Wie uns der Engel am Ende des Paradeisspiels erzählte, hat der allmächtige Gott seinen Sohn in die Welt gesandt als ›Lösegeld‹: Wieder tritt das Motiv des Schenkens vor uns hin. Die dankbaren Menschen erahnen dies, sie greifen es auf und sie erwidern es: Sie schenken sich selbst, indem sie sich dem Christkind ›in seinen Schutz befehlen‹, wie es der Stichl sagt, und sie bekräftigen dies durch kleine Geschenke, wie sie ihnen zu Gebot stehen aus ihrem Alltagsleben heraus.

Aber nicht die Reichen schenken, sondern die Armen. Die Armen dieses Spiels beginnen, sich zu ändern, und dadurch helfen sie mit, die Welt zu verändern. Die Reichen bleiben, wo sie sind und wie sie sind; sie ändern sich nicht und sie verändern nichts. Sie verharren in ihrem bisherigen Leben – und so geht das Christgeburtsgeschehen an ihnen vorbei.

Betrachtet man die Geschichte so, dann ist dieses Christgeburtspiel plötzlich gar nicht mehr historisch. Wir sind mitten in dem Geschehen drinnen, und wir sind es, an die die Frage ergeht, ob wir mithelfen wollen, die Welt zu verändern.

Das ist die Weihnachtsfrage, die immerfort eine Frage der Gegenwart ist. Und die Welt, die es zu verändern gilt? Die sind wir selbst!

Ansprache vor der Schüleraufführung des Christgeburtspiels am 19. Dezember 1984

Ansprachen zum Dreikönigspiel

Irdisches Geschehen und wirkende Geistpolarität

Sehr verehrte Gäste, liebe Eltern, liebe Freunde,
liebe ehemalige Schüler unserer Schule,
das Dreikönigspiel, das wir nun heute abend sehen werden, ist ja das letzte der drei wunderbaren Spiele aus Oberufer. Vergleichen wir es mit dem Christgeburtspiel, so fällt uns vor allem auf, wie in diesen beiden Spielen das Geschehen der Zeitenwende von zwei verschiedenen Seiten geschildert wird.

Das Hirtenspiel schildert die Christgeburt in jener wunderbaren Stille. Das ganze Spiel wird überstrahlt von der stillen Intensität, die um die Heilige Familie webt. Das äußere Zeitgeschehen ist auch da, wirkt auch, doch erfahren wir von ihm nur aus den Erzählungen.

Im Dreikönigspiel dagegen sind wir mitten ins politische Geschehen hineinversetzt. Wir sehen die Mächtigen in ihren Königsburgen, mit ihren Ratgebern und Bediensteten, mit den Gelehrten und dem Militär – das Spiel verläßt diese große, fast pompöse Welt nur ein einziges Mal.

Erfahren wir im Hirtenspiel die Sorgen der einfachen Leute, der Hirten, Handwerker, Wirte, so blicken wir im Spiel der Könige auf die Sorgen der Regenten.

Nun ist aber der Raum der Handlung nicht mit all den menschlichen Gestalten und ihrem Tun erschöpft, so breit und drastisch dies auch geschildert wird. Wir sehen neben den Menschen die Polarität von Engel und Teufel. Und bei näherem Hinsehen sind sie es, die die Handlung vorantreiben; sie sind die eigentlich Agierenden. In die vorhandene menschliche Substanz wirken sie – in die Reinheit, Frömmigkeit, Selbstlosigkeit kann der Engel seine Impulse geben, in die Egoismen, die Geldgier, in die Angst hinein kann der Teufel wirken.

Und nun ist es merkwürdig: Je länger man diese Spiele kennt, desto mehr finden wir uns selbst mit unserer Zeit in diesem Spiel von den Königen wieder. Wer wird nicht an das weltweite Flüchtlingsproblem erinnert bei der Flucht der Heiligen Familie nach Ägypten? Erleben wir nicht zum Beispiel in der ersten Volkszählung den Beginn der Bürokratie? Vor allem aber im eigentlich Bösen finden wir uns hier dargestellt.

Es ist immer gemordet worden, gewiß. Und doch: Niemals hat der Völkermord so gigantische Ausmaße angenommen wie in unserem Jahrhundert, weil er noch nie so systematisch, mit so unerbittlicher, wissenschaftlicher Gründlichkeit vorgenommen worden ist. Da ist der Kindermord von Bethlehem mit seiner Systematik das große Vorbild: Ein Kind soll getroffen werden – zur Sicherheit werden zwei ganze männliche Jahrgänge ›erfaßt‹. – Wie oft finden wir nicht auch heute einen intellektuell unlösbaren Widerspruch zwischen gewaltigen Untaten und den Motiven dazu.

Hier kann uns nun ein solches Spiel zu einer ganz anderen Auffassung veranlassen. Als einen Spiegel genommen kann es uns zu einem anderen Geschichtsverständnis wieder verhelfen; wir müssen nur zu der breiten Horizontalen des irdischen Geschehens die vertikale Polarität der geistigen Welt, müssen Engel und Teufel hinzuzusehen lernen. Dann wird uns manches Unglück auch heute verständlich.

Es ist nun wie von einer gewaltigen tragischen Symbolik: Kaum daß die Geburt des Jesuskindes vor sich gegangen ist, kaum daß der Stern von Bethlehem erschienen ist, da sehen wir um das Kind diese weltgeschichtlichen Gesten sichtbar werden: die breite Horizontale des Irdischen, gebildet aus den Höchsten und Niedrigsten, den Edelsten und Gemeinsten, – und die erhabene Vertikale des guten und des dunklen Geistigen.

Auch dieses Kreuz hat der Christus dann auf sich genommen.

Begrüßungsansprache vor der öffentlichen Aufführung des Dreikönigspiels am 22. Dezember 1960

›Hauptrollen‹ und ›Nebenrollen‹ im Schauspiel

Liebe Schülerinnen und Schüler,
wenn man an einem Gewässer steht und wenn jenseits dieses Wassers eben die Sonne aufgegangen ist, dann spiegelt sich das Sonnenlicht im Wasser. Selten ist Wasser ganz still; fast immer ist die Oberfläche ein wenig bewegt. Das Spiegelbild der aufgehenden Sonne auf so einer bewegten Wasseroberfläche ist etwas ganz Wunderbares. Eigentlich kann man gar nicht von *einem* Spiegelbild sprechen. In Wirklichkeit sehen wir eine ganze Menge von Spiegelbildern; viele Wellen werfen uns das Bild der Sonne zu. Unmittelbar in Richtung auf die Sonne zu fließen diese vielen Spiegelbilder zusammen und bilden eine Lichtstraße zu der Sonne hin, aber auch rechts und links davon blinkt und glitzert es vielfältig auf dem Wasser.

An dieses *Natur*-Schauspiel kann man erinnert werden, wenn man ein *Bühnen*-Schauspiel erlebt. Da sind die Helden des Geschehens. Sie werden uns dargestellt, aber in ihrer Größe können wir sie eigentlich gar nicht so schnell erfassen.

Glücklicherweise aber stehen sie nicht allein auf der Bühne; um sie herum sind viele andere Gestalten. Alle spiegeln etwas von dem Glanz wider, der auf sie fällt. An der Art, wie sie diesen Glanz widerspiegeln, zeigen sie ihr Wesen. Und erst alle Spiegelbilder zusammen bilden das ganze Geschehen ab.

Das Dreikönigspiel ist ein richtiges Schauspiel. Es treten viele Gestalten auf, so viele wie in den beiden anderen Spielen zusammen, nämlich sechzehn: sieben folgen dem Engel mit dem leuchtenden Sterne nach; die sieben, die meinen, besser selber zu gehen, merken lange nicht, daß hinter ihnen der Teufel her ist. Aber eigentlich ist noch eine siebzehnte Gestalt dabei, und sie steht ganz genau in der Mitte. Diese Gestalt ist der eigentliche Held, die eigentliche Sonne. Ihr Glanz fällt auf die Akteure des Spiels, und diese spiegeln das große Licht zu uns herein, – jeder von dort her, wo er steht, jeder so, wie es seinem Wesen entspricht. Und alle zusammen lassen uns auch heute wieder jenes dramatische Geschehen miterleben, das sich so bald nach dem Sonnenaufgang der Christgeburt in Palästina abgespielt hat.

Ansprache vor der Schüleraufführung des Dreikönigspiels am 12. Januar 1977

Fragen und Antworten

Sehr verehrte, liebe Eltern, liebe Freunde, verehrte Gäste,
das Dreikönigspiel ist das letzte in der Dreiheit der Oberuferer Weihnachtsspiele, und es ist auch zugleich das jüngste. Wie das Paradeis- und das Christgeburtspiel folgt es bis in Einzelheiten hinein den Evangelien und anderen Quellen. Seinen Namen hat das Spiel nach den Heiligen Drei Königen. Es sind Gestalten, die uns Heutigen nahezu unbegreiflich sind in ihrer lauteren Größe, unfaßlich in ihrer unerschütterlichen Treue zu den führenden Weltenmächten, denen sie dienen, – erhaben sind sie über jeden Zweifel, unangreifbar für jede Versuchung.

Demgegenüber sind uns viele Gestalten des Spiels, zum Beispiel die der ›bösen‹ Seite, in ihrer seelischen Konfiguration noch einen Schritt nähergerückt als die Hirten und Wirte im Christgeburtspiel. Eitelkeit und Dummheit, Dienstbeflissenheit und Langeweile, vor allem aber und immer und immer wieder die Angst werden uns erschütternd realistisch vorgeführt. Da, wo sich Individuelles entwickeln will, da, wo der Zusammenhang mit den aus Offenbarung stammenden Weisheiten verlorengegangen ist (wie bei Herodes) oder wo diese Weisheiten nur noch intellektuell gewußt werden, das ganze Menschenwesen aber nicht mehr erfüllen (wie bei den Schriftgelehrten), da tritt diese Angst auf, denn da treten auch die Versuchungen und Einflüsterungen der dunklen Mächte auf.

Als sich im Christgeburtspiel die Hirten auf den Weg zur Anbetung gemacht haben, herrscht die tiefste Nacht. Hilflos ruft der Stichl aus:

Die nåcht is mir zu finster, i kån nit mer sehn,
Ob ma *recht* oder *unrecht* zur stadt eingehn.

Das Motiv des Scheideweges wird im heutigen Spiel aufgegriffen und fortgeführt. König Melchior fragt: »Hier san zween weg, wölchs ist der *recht*?«

Auch Herodes kommt mehrmals an Scheidewege. Einmal ruft er in seiner Hilflosigkeit:

Was sull i tån, was sull i sagn?
Es is nit anders in den tagn:
I muaß verzågn vor mein end
Un erst kumma in sollichs ölend.
Geraubt wird mir mei kenigli kron.
I woaß nit, wiar i es sullt ton.
Kummt denn und hülft mer niemand heut?
Es sein gleich geister oder leut?

Die gestellten Fragen erhalten Antworten. Dem Melchior antwortet Balthasar im Anblick des Sternes:

Siach, der stern hier tuat still stan,
Kummt, ma welln zum kind in stal eingan.

Auf den Ruf des Herodes hin kommt als Ratgeber der Teufel mit gespielter Kameraderie:

An teifel läßt den andern nicht!

Warum sind die Antworten so verschieden?

Das Spiel führt uns vor, weshalb das so ist.

Die Seelenhaltung des hilflos fragenden Herodes ist diese:

I wüll erwegn in mein sinn und muat,
Wiar i werd vergiaßn des kindes bluat.

Die Seelenhaltung der ebenso hilflos fragenden Könige aber ist eine andere. In ihnen lebt nicht die Suche nach dem nützlichsten Weg zur Befriedigung ihres Egoismus, sondern in ihnen lebt die Suche nach dem *rechten* Weg.

Wie seit vielen hundert Jahren das Gebet des Königs Caspar die Menschen durch das neue Jahr geleitet, so möchte es dies auch heute wieder tun:

> O Herr, i bitt,
> Verlåß uns nit!
> Erleucht unser augn in der not,
> Daß ma nit entschlåfn in den tod,
> Geleit uns, Herr, auf *rechter* ban,
> Daß ma allhier nit irre gan,
> Und ler' uns dei gesatzung *recht*.

Begrüßungsansprache vor der öffentlichen Aufführung des Dreikönigspiels am 12. Januar 1977

Weisheit, Macht und Reichtum

Liebe Schülerinnen und Schüler, liebe Mitarbeiter und Lehrer, heute sehen wir das dritte der Oberuferer Weihnachtsspiele. Es heißt nicht etwa das ›Vierkönigspiel‹, obwohl doch vier Könige darin vorkommen. Warum nicht?

Das Spiel erzählt uns zunächst von den Heiligen Drei Königen, den Weisen aus dem Morgenlande. Dies sind bedeutende, erhabene Gestalten. Weisheit kennzeichnet sie, Wissen von den übersinnlichen Zusammenhängen, Erkenntnisdrang und Wahrheitssuche erfüllt ihr Denken. Sie streben danach, nicht nur so zu handeln, wie sie es für richtig erkannt haben, sondern in Übereinstimmung mit den offenbarenden Mächten der Welt zu handeln. Bildhaft ausgedrückt: sie folgen dem Stern.

Sie sind auch mächtige Herrscher. Ihre Macht gründet sich auf die echte Autorität, die starke Persönlichkeiten haben, besonders dann, wenn sie sich voll und ganz mit dem Amte identifizieren, das sie innehaben.

Die drei Könige sind auch reich. Bodenschätze und Landwirtschaft begründen den Reichtum. Trotz Weisheit, Macht und Reichtum werden uns diese Könige aber schlicht und bescheiden geschildert, so bescheiden, daß sie uns manchmal fast ein wenig langweilig erscheinen in ihrer gebändigten Kraft. Eigentlich erfassen wir ihre Bedeutung erst dadurch, daß ihnen die Gestalt des Herodes gegenübergestellt ist.

Herodes: Auch er ist ein mächtiger König, auch er ist reich, auch er ist umgeben von klugen Ratgebern – und doch: welcher Unterschied!

Er selbst sagt, er sei »ein fremder, kein rechter König«. Seine Macht gründet sich nicht auf die Autorität eines gewachsenen Priesterkönigtums, sondern auf den Kadavergehorsam seiner Truppen. Diese folgen ihm nicht in Anerkennung einer echten Autorität, sondern kraft Befehls. Wir erfahren, wie Herodes den Gehorsam aufrechterhält: geschickt weiß er zwei Seelenregungen bei seinen Untertanen zu nutzen, die Angst und die Habgier.

Die Angst ruft er durch Drohungen wach. Nachdem er den Befehl zum Kindermord erteilt hat, droht er dem Befehlshaber seiner Truppe:

> Låß di bestechn mit koaner gab,
> Sonst kost's dei lebn, wiar i dir sag.

Und daß Herodes gegebenenfalls Ernst machen würde mit seiner Drohung, daran hat der Hauptmann nicht zu zweifeln. Gerade eben erst wurde ein Bürger Jerusalems arrestiert und umgebracht, der es gewagt hatte, vor Entsetzen über den öffentlich bekanntgemachten Kindertötungsbefehl des Königs laut wehklagend zusammenzubrechen. Herodes begründet also bewußt den Befehlsnotstand. Aber gleich darauf beruhigt er den erschreckten Hauptmann, indem er ihn durch Erregen seines Egoismus, seiner Habgier, ablenkt; er verspricht ihm doppelten Sold, ja er blendet ihn förmlich mit seinem Nachsatz: »I wüll di zaln mit rotem gold« und verdreht dem Hauptmann in seiner plumpen Dummheit völlig den Kopf.

Wir bekommen also vor Augen geführt, wie Herodes seine Macht nutzt, wie er das Recht beugt durch Drohung und Mord

– wir erfahren, wohin es führt, wenn die Macht mißbraucht wird.

Wir erfahren auch, wohin es führt, wenn im Gebiet des Denkens Mißbrauch getrieben wird. In dieses Gebiet gehört die Wahrheit. Herodes geht es nicht um die Wahrheit, wenn er spricht. Mit heutigen Begriffen müssen wir sagen: Herodes gibt, wenn er spricht, nur Informationen. Ob eine Information wahr ist oder nicht, das spielt für das, was man eben eine Information nennt, keine Rolle; beide Informationen werden gleich gewichtet. Wir erleben mit, wie die Lüge hoffähig gemacht wird.

Wir erfahren auch, wohin es führt, wenn der Reichtum mißbraucht wird. Die Heiligen Drei Könige beschenken das Jesuskind. Sie setzen fort, wovon die beiden ersten Spiele erfüllt sind: das Schenken. Am Hofe des Königs Herodes wird nichts geschenkt, hier wird niemandem etwas geschenkt. An den Eigentumsübergang werden Bedingungen geknüpft, der Wille des anderen wird manipuliert; hier wird erpreßt und hier wird bestochen.

Herodes mißbraucht die Macht, er verfälscht die Wahrheit, und er entwertet die Werte, indem er das Geschenk verhöhnt. So steht er vor uns – kein vierter König, sondern das Zerrbild der ›rechten Könige‹.

Indem Herodes so selbstherrlich verfährt auf den drei Gebieten der menschlichen Gesellschaft – auf dem Gebiet des Rechts, auf dem Gebiet des Denkens und auf dem Gebiet des Besitzens – wird er selbst abhängig von der Weltenkraft, die im Spiel ›der Teufel‹ heißt. Mit unlauteren Mitteln will er sich andere untertan machen – und er gerät dabei selbst in Abhängigkeit. Nun nützt ihm auch seine Listigkeit nichts mehr.

Das Wort ›List‹ kommt in den drei Oberuferer Spielen zweimal vor. Im Paradeisspiel verführt der Teufel Adam und Eva zum Sündenfall, und er brüstet sich mit seiner List. Im Dreikönigspiel gebraucht Herodes das Wort – er hatte geglaubt, die Weisen aus dem Morgenland überlisten zu können.

Beide – der Teufel und Herodes – gebrauchen das Wort kurz vor ihrem Fall; und beide fallen.

Liebe Schülerinnen und Schüler, das Dreikönigspiel ist nicht nur der Abschluß der Weihnachtszeit, es ist auch der Auftakt unseres neuen Jahres. So steht bildhaft vor uns die Frage, wie wir einmarschieren wollen in das neue Jahr, wie wir einziehen wollen in einen neuen Tag, ja in unser ganzes Leben: so wie die Heiligen Drei Könige und ihre Welt, die dem Engel folgen, oder so wie Herodes und die andere Seite der Kumpanei, hinter der der Teufel steht und geht, die auf Schritt und Tritt vom Teufel verfolgt wird.

Dies ist eine Frage, die das Oberuferer Dreikönigspiel mit unerbittlicher Klarheit vor uns hinstellt – es ist allerdings eine Frage, die nur jeder einzelne für sich selbst beantworten kann.

Ansprache vor der Schüleraufführung des Dreikönigspiels am 14. Januar 1985

Aufsätze

Vom Thron

Eine technologisch-menschenkundliche Betrachtung zu den Weihnachtsspielen aus Oberufer

Wenn sich der Vorhang zum ersten der drei Spiele aus Oberufer öffnet, fällt unser Blick zunächst auf den strahlend goldenen großen Thron Gottvaters. Alles beherrschend, unerschütterlich, unverrückbar steht er da – in der Mitte der Bühne. Im Hintergrund stehen Bäume. Besonders einer, der rote Äpfel und goldene Zeichen trägt, zieht unsere Aufmerksamkeit auf sich: wir blicken ins Paradies. – Dies ist das ganze Bühnenbild, und es ändert sich während des gesamten Spiels nicht. Nur wenige Requisiten benötigt das Spiel: den kleinen apfelbehangenen Baum in der Hand des Baumsingers, das erdbraune Tuch, das Adam zunächst verhüllt, die Rippe (manchmal auch weggelassen), den Apfel vom Baum der Erkenntnis, das Flammenschwert, die Kette. Im geringen äußeren Aufwand zeigt das Spiel jene Schlichtheit, die auch die Gewänder der Gestalten auszeichnet und die das Monumentale dieses gewaltigen Dramas in so besonderer Weise zur Geltung kommen läßt.

Auch im Dreikönigspiel, im dritten Oberuferer Weihnachtsspiel, taucht der Thron auf: der schlichte Thron der Heiligen Drei Könige und der pompöse des Herodes, des unheiligen Königs. In diesem Spiel gibt es viel mehr Requisiten, das Bühnenbild aber ist noch einfacher gehalten als im Paradeisspiel. Die Herrschersitze der Könige aus dem Morgenland, die Weiten der von ihnen durchzogenen Länder, der Herodespalast, der Aufmarschplatz des Heeres, die nächtliche Unterkunft von Maria und Joseph – alles ersteht in der inneren Vorstellung der Zuschauer. Sie werden dadurch zu Mitgestaltern des Geschehens, sind in das Weltenschicksal einbeschlossen, wie es durch die Umgänge der Kumpanei auch äußerlich sichtbar wird, und wachsen über den Status bloßer Betrachter weit weit hinaus. So entsteht jene Einheit mit den Spielern, die immer wieder neu erlebt werden kann.

Gerade wegen der Schlichtheit und Bescheidenheit der Gesamtausrichtung der Spiele fällt aber auf, daß die beiden Throne von Gottvater und Herodes so aufwendig gearbeitet sind. Ist das Zufall? Oder haben sie vielleicht ein besonderes Gewicht für die Darstellung? Weshalb ist das so? Welche Bedeutung hat der Thron? Was ist eigentlich ein Thron?

Stehen, Liegen und Sitzen – Ausdruck von Bewußtseinshaltungen

Lassen wir einen Menschen auf uns wirken, machen wir uns ein ›Bild‹ von ihm, so ›steht er‹ vor uns, wir ›stellen ihn uns vor‹, d.h. wir stellen ihn vor unser inneres Auge. Er steht dann vor uns in seiner menschlichen Wachheit, offenen Blickes, bereit, mit seinem Willen in die Welt einzugreifen durch die Tat, einen Weg zu gehen, um voranzukommen oder einzuschreiten, um Falsches zu verhindern. Bewußtseinspol und Willenspol – Nerven-Sinnes-System und Stoffwechsel-Gliedmaßen-System – sind dabei in ihrem Gegensatz ausgeglichen, zugleich aber verbunden durch das mittlere, abwägende, rhythmische System.

Verliert der Mensch sein waches Tagesbewußtsein, so legt er sich hin, er schläft. Kommt aber nur sein äußerer Tatendrang zur Ruhe, ohne daß das Wachbewußtsein schwindet, so setzt sich der Mensch. Sitzt man auf einem Hocker oder Stuhl, so sind Füße und Oberschenkel mehr oder weniger waagrecht, Unterschenkel und Oberkörper senkrecht. In dieser Haltung kann man nicht gehen, so wenig, wie man das in der orientalischen Sitzhaltung (›Buddhasitz‹) kann, obwohl die Füße wie beim Stehen oder Gehen in der Verbindung zum Boden, zur Erde sind – anders als beim Orientalen, dessen Fußsohlen sich, wenn er sitzt, von der Erde gelöst haben und zur Seite oder gar nach oben weisen. In

Abb. 1. Schreiber, Ägypten, 5. Dynastie

westlichen oder abendländischen Kulturkreisen kommt der Sitzende also in seinem Willenspol zur Ruhe, ohne die Verbindung zu verlieren, die er durch seine Fußsohlen mit der Erde, mit ihren Kräften und mit ihren Aufgaben hat.

Wir finden Thron und Stuhl in dieser Ausführung, wenn wir in der Geschichte zurückgehen, in der ägyptischen Kultur, in den Kulturen Mesopotamiens und Kretas. Aber nur die Pharaonen, ihre Gattinnen und höchste Beamte sitzen mit den Fußsohlen auf dem Boden, also in dieser ganz speziell menschlich-ausgewogenen Haltung. Selbst eine so bedeutende Gestalt wie der ›Schreiber‹ hockt mit untergeschlagenen Beinen (Abb. 1). Auch auf orientalischen Thronen sehen wir den Herrscher hockend, mit angezogenen Beinen, auf seinem erhöhten Platze.

Es scheint, daß der Stuhl in der ägyptischen Kulturepoche

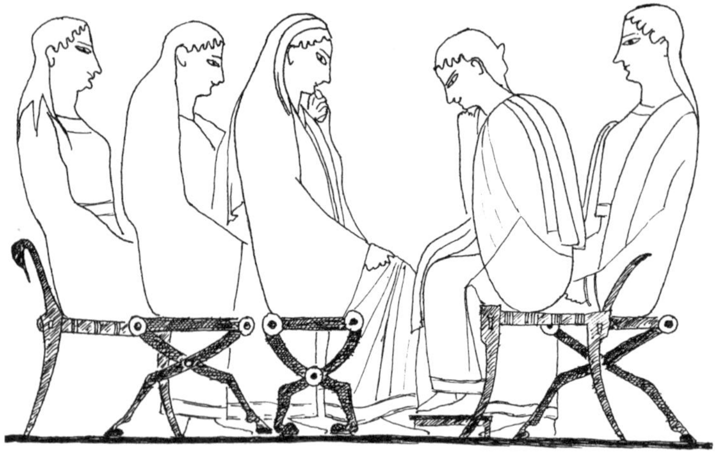

Abb. 2. Griechische Vasenmalerei (Detail).
Verschiedene Ausführungen von Hockern und Stühlen.
Deutlich sichtbar die untergeordnete Rolle der Rücken*lehne*.

erstmals auftritt und dann die Menschheit durch die griechisch-römische Epoche in diejenige Epoche, in der wir leben, begleitet hat (Abb. 2). Wenn es heute den Stuhl überall auf der Welt gibt, dann als Export Europas.

Zur Bedeutung von Hocker, Stuhl und Thron

Das Sitzen auf Hocker, Stuhl oder auch Thron ist gewissermaßen das Gegenteil vom Sitzen im Sattel eines Reittieres. Hier kommt der Willenspol nicht zur Ruhe, sondern er verstärkt sich um ein Vielfaches: Das Reittier tritt an die Stelle der Beine, ganz dem Willen des Reiters ergeben, seine Kraft und Schnelligkeit steigernd. Im Gegensatz zum Hocker hat der Stuhl eine Rückenlehne. Der Name täuscht ein wenig: man kann sich an der Lehne zwar anlehnen, muß dies aber nicht. Nur, wenn die Sitzfläche nach hinten abfällt wie beim Sessel,

Abb. 3. Moderne Sitzhaltung

ist ein freies Sitzen unmöglich und ein Anlehnen notwendig. Die Rückenlehne steht, besonders bei Thronen, ziemlich senkrecht. Die aufrechte Haltung des Rückens ist aber vor der Lehne da. Sie wird von der Lehne nicht erzeugt, sondern betont und verstärkt. Man betrachte Sitzende auf einem Stuhl mit senkrechter Rückenlehne: wer nicht gerade sitzen kann, tut es auch hier nicht. Er rutscht auf der Sitzfläche nach vorn und berührt die Lehne nur mit einem Teil seines Rundrückens – gewohnt, wie im Sessel halb zu liegen. Sitzt man mit voller Aufmerksamkeit auf einem Stuhl, so sitzt man gerade. Erst wenn man ermüdet, sich langweilt oder nicht mehr ganz gefordert ist, lehnt man sich zurück – gerade der Lehrer kennt das, weil er es immerfort an seinen Schülern beobachten kann. Es gilt hier allerdings zu berücksichtigen, daß sich die Menschen immer weniger ›gerade halten‹. Gerades Sitzen auf einem Hocker wird kaum noch geübt – lediglich Reitsportler können das noch. Längere Zeit saßen auch Fahrrad- und Motorradfahrer noch gerade, heute tun sie es kaum noch. Der Sessel mit seiner Tendenz, zum Halbliegen zu erziehen, ist übermächtig

Abb. 4. Kaiser Heinrich VI., Manessische Handschrift, 14. Jh.

geworden und ergänzt die modernen Zweiräder mit ihrer Tendenz zur vornübergeneigten Buckel-Haltung. Das wirkt sich bis ins Stehen und Gehen aus.

Umgekehrt finden wir ein schönes Beispiel für das gerade Sitzen in der Manessischen Handschrift. Kein einziger Stuhl ist auf den 137 Abbildungen zu sehen, nicht einmal Kaiser Heinrichs VI. Thron besitzt eine Rückenlehne – und wie gerade sitzt der Kaiser! (Abb. 4) Was ein Stuhl nicht immer hat, zeichnet aber stets den Thron aus: Armlehnen. Auch bei geradem Sitzen ohne Anlehnen liegen die Unterarme des Thronenden auf diesen Lehnen, besonders natürlich, wenn er lauscht, beobachtet und nachdenkt, also noch nicht handelt.

Ein Thron – vom griechischen thronos = Sitz, Stuhl – ist der Sitz eines Würdenträgers, insofern er im Amte ist. Spricht dieser Würdenträger auf dem Thron sitzend, also ›von Amts wegen‹, so ist, was er zu sagen hat, wichtig, es wird genau verfolgt, weil es den weiteren Verlauf der Dinge bestimmt. Ob es eine Thronrede ist oder die Verkündung einer Lehre ›ex cathedra‹ durch den Papst – solche Verlautbarungen sind von größter Konzentration des Sprechenden gekennzeichnet, ganz gleich, ob er frei spricht oder seine Worte abliest. Es wird kaum zu beobachten sein, daß dieser Würdenträger sich dabei anlehnt.

Der erhöht Thronende als der Überschauende

Ein Thron steht gewöhnlich erhaben auf einem erhöhten Podest, zu dem einige Stufen hinaufführen. Man ›schaut auf‹ zum Thronenden, wenn man vor dem Thron steht. Hier wird im Irdischen nachvollzogen, was man im Geistigen empfand, im Kleinen spiegelt sich das Große: Erhaben über das Menschenreich thronten die Götter auf Bergeshöhen, etwa auf dem Olymp, auf den Gipfelketten des Himalaja, auf dem Fujiyama, auf dem heiligen Berg Uluru der Uraustralier – über ihrem Sitz nur das alles überspannende Firmament, das im Baldachin sein Abbild fand.

Das Wesentliche des Podestes ist aber nicht, daß der Erhabene, zu dem der einzelne aufblickt, zu diesem herunterblickt, sondern daß er ein weiteres Gesichtsfeld besitzt. Der Thronende sieht nicht nur den einzelnen, der sich an ihn wendet, sondern auch dessen Umgebung, er hat den Überblick, er erkennt Zusammenhänge und Beziehungen, die eben nur von dort oben aus sichtbar sind. Das für den Aufblickenden Wichtige wird dadurch nicht unwichtig, aber es verliert seine Unbedingtheit, die Einzigartigkeit, die der einzelne seiner Sache oft beimißt.

Der einzelne, seine Ansichten und Egoismen können in größerem Zusammenhang gesehen werden, können als Teil eines größeren Ganzen begriffen und dadurch auf ein gesundes Maß gebracht und ›abgebläht‹ werden.

Es bleibt wohl kein nachdenklicher Mensch ohne die Lebenserfahrung, daß es Menschen gibt, die größere Übersicht, höhere Erkenntnisse haben als man selbst. Das können Menschen sein, die jetzt leben oder früher gelebt haben. Es sind vielleicht zunächst ältere Geschwister oder Freunde und die Eltern, später Lehrer und Lehrmeister in jeder Beziehung. Es gibt eine echte Hierarchie des Vorbildes und der Reife, und diese Tatsache bleibt auch dann bestehen, wenn man im Leben wieder und wieder enttäuscht wurde – alle wahre Autorität liegt in dieser Hierarchie begründet. In den Zeiten vor der Aufklärung, als die Menschen allgemein noch stark in Familienbanden gehalten waren, stand an der Spitze als Vorbild und Autorität das Familienoberhaupt. Dieses aber wußte über sich den ›Ahnen‹, den Geist der Sippe oder des Stammes, über diesem wiederum thronte der große Geist des Volkes. Alle Völker haben in alter Zeit einen Gott verehrt, der für viele Stämme der oberste Geist war. Er ist älter als die Welt, die er erschaffen hat, und er ist immerfort da. Dadurch stellte er eine Kraft dar, die allen Händeln, Fehden und Kämpfen zum Trotz einigend wirkte: Wotan, Zeus oder Jupiter, Jahwe, Allah, Manitu, Gottvater.

Gottvater »im höchsten Thron«

Diese Gottheiten wurden so erlebt und dargestellt, daß sie saßen, als nach den ungeheuer dynamischen Vorgängen der Welterschaffung eine gewisse Ruhe eingetreten war. Sie saßen inmitten der anderen Götter, Geister oder Engel, die im allgemeinen nicht saßen, sondern den thronenden höchsten Gott umstanden, jederzeit bereit, seinen Anweisungen folgend tätig zu werden.

So wird nun auch im Paradeisspiel Gottvater dargestellt: »Im höchsten Thron« sitzend, umgeben von den dienenden Engeln. Wir erleben ihn in seiner allumfassenden Weisheit, in seiner alles tragenden Güte und Liebe, in seiner Allmacht. Schafft Gottvater die Welt – im Spiel sehen wir die Erschaffung von Adam und Eva – so steht er. Betrachtet er das Geschaffene – wir erleben in ergreifender Weise, wie er lehrend und erziehend Adam die Augen öffnet für die Vielgestaltigkeit und die Schönheit der neugeschaffenen Welt, die den Menschen fortan umgeben wird –, so sitzt er. Allerdings erhebt sich Gottvater, wenn er Adam das einzige Verbot verkündet, und er steht auch, wenn er Adam und Eva, die dieses Gebot gebrochen haben, ihr Tun vorhält und ihnen ihre Strafe nennt. Und er steht natürlich auch, wenn er Satan in seine Grenzen weist, der angesichts seiner erfolgreichen Verführungskunst in ein wahrhaft satanisches Triumphgeheul ausbricht: Auch hier ist Gottvater wieder in allumfassender Weise in Tätigkeit.

Es kann tief erschüttern, wenn wir im Paradeisspiel sehen, wie sich die Menschen Bilder von geistigen Erlebnissen gemacht haben. Handlungen und Haltungen sind dabei von solcher Eindrücklichkeit, daß sie sich tief in die Seelen der Menschen einprägten. Nicht nur die Religionen der Menschheit entstanden so, nicht nur die Künste, die Lebensideale – es entstanden auch die Urgerätschaften der Menschen wie Abdrükke, wie Hohlformen des Menschen – selbst als ein Bild Gottes gebildet – im Erdenstoff.

Und es entstand die Technik: Sie war einmal die Kunst, Materie so zu gestalten, daß menschliches Sein und Handeln zum Bilde göttlichen Seins und Handelns werden konnte, sie war einmal die Fortsetzung der göttlichen Schöpfung mit den Stoffen und in den Stoffen dieser Erde.

Am schönsten sehen wir das im Thron. Er ist kein Stein oder Klotz, der zufällig vorhanden ist, auf den man sich setzen kann, wenn man des Weges kommt und ermüdet ist, oder auf den man nur seinen Fuß stützt. Ein Thron ist etwas anderes! Im Thron ist die Erde so geformt für den Menschen, daß er in jener ganz besonderen Weise aktiv sein kann als Oberhaupt, als Lenker einer Menschengemeinschaft. Sein Thron erlaubt es diesem Menschen, die für die Ausübung seines Amtes richtige und daher notwendige Haltung einzunehmen; durch den Thron kann sich der Mensch so geben, wie es richtig ist. So betrachtet wird es verständlich, daß der Thron Gottvaters im Paradeisspiel eine so große und bestimmende Bedeutung hat.

Thronende und zur Tat schreitende Könige

Schauen wir nun auf das Königspiel, das dritte der Oberuferer Weihnachtsspiele, das wohl auch das jüngste ist. Es führt uns in das Morgenland, in die Residenzen der Heiligen Könige. Zunächst sehen wir, wie der Page des roten Königs den Thron auf die Bühne bringt. Es ist ein sehr einfacher Thron, eigentlich mehr ein Stuhl mit Armlehnen, aber die Haltung des Pagen macht uns die Bedeutung dieses Stuhles als Thron sofort erkennbar: Ehrerbietig, aber doch nüchtern deutet er mit sparsamen Gesten die Vorbereitungen dafür an, daß der König seines Amtes walten kann. Noch ehe der Herrscher den Thronsaal betritt, ist der Saal erfüllt von der Würde des Königsamtes; sein Glanz überstrahlt auch den Thron, und wir sind gespannt auf den König, das Zentrum all dieses ehrfurchtgebietenden Glanzes. Als König Melchior erscheint, löst sich unsere Spannung: Ein Herrscher im besten Sinne ist er! Kraftvoll, aber vollkommen beherrscht schreitet er herein. Er nimmt Platz auf dem Thron: mit der Selbstverständlichkeit des legalen Throninhabers, und doch zugleich mit der Demut dessen, der ein schweres Amt verwaltet und weiß, daß er dazu der Hilfe höherer Mächte bedarf.

Es ist Nacht. Das Spiel läßt offen, ob es der schon dunkle Abend- oder der noch dunkle Morgenhimmel ist, über den der König seinen Blick forschend schweifen läßt. Wir ahnen aber aus der ruhigen Konzentration des wortlosen Szenengeschehens, daß der Blick zum Firmament zu den regelmäßigen Gewohnheiten dieses weisheitsvoll Wissenden gehören muß. Es ist, als verbinde sich der König bewußt mit den Kräften des Kosmos, um sich für die Aufgaben des Tages, des Regierens zu rüsten, und wir sind geneigt, die Szene in den frühen Morgen vor Sonnenaufgang zu verlegen. Als der König den Stern erblickt, dessen Erscheinen er sofort als etwas Besonderes erfaßt, läßt er sich zunächst die Instrumente zur genaueren Beobachtung bringen. Dann sendet er nach dem Gelehrten Villigrazia, mit dessen Hilfe er zur klaren Erkenntnis des Geschehens gelangt. Augenblicklich ist sein Entschluß gefaßt: Ich ziehe nach Bethlehem. Dieser Entschluß fällt so blitzartig, daß er im Text gar nicht erst erwähnt wird. Wir können ihn nur erschließen aus dem Nachdenken des Königs über das angemessene Geschenk.

Bis hierher hat Melchior auf seinem Thron gesessen. Nun aber schreitet er geistesgegenwärtig zur Tat: Er erhebt sich vom Thron und gibt seine Anweisungen. Knapp und präzis bestimmt er die Reise, regelt er die Verwaltung der Amtsgeschäfte für die Zeit seiner Abwesenheit, ganz ein Mann der Tat. Ein neuer Weltentag beginnt.

Nur leicht modifiziert schildert das Spiel die Vorgänge im Schloß des blauen Königs Balthasar. Auch er sitzt auf dem Thron, nachdenklich über das Erscheinen des Sternes, das ihm von seinem Hofgesinde am Morgen angezeigt wurde. Wieder ist es Morgen, aber der Tag, dieser neue Weltentag, hat bereits begonnen. Auch hier erhebt sich der König vom Thron, als er seinen Entschluß gefaßt hat und zur Tat schreitet. Und wieder ist der Tag ein wenig weiter vorangeschritten, als der dritte, der grüne König Caspar auftritt. Ihm ist, als er seinen Thronsaal betritt, nicht nur das nächtliche Erscheinen des Sternes mitgeteilt worden, sondern auch die Tatsache, daß die Juden »mit heftigen Gebärden« nach Bethlehem ziehen, um das Kind zu finden. Haben seine Weisen im Geiste – prophetisch – den Zug der Hirten zur Krippe geschaut? Jedenfalls erweist sich König Caspar als von der Dynamik des vorwärtsstürmenden Willensmenschen getrieben, der das Gefühl nie los wird, zu spät zu kommen, selbst wenn er der erste ist – wie wir es in so erfrischender Weise beim Hirten Gallus im Christgeburtspiel vorgeführt bekommen. König Caspar jedenfalls ist ganz zur Tat drängender Wille: Er setzt sich im Spiel gar nicht auf seinen Thron.

Der prunkvolle Thron des Herodes – Mittel eitler Selbstdarstellung

Welcher Gegensatz zu diesem Beginn des Dreikönigspiels, wenn die Szene zum Palast des Herodes wechselt. Der Thron: riesig, prunkvoll, überladen, nicht mehr funktionaler, man könnte auch sagen ›dienender‹ Teil eines gerecht, d.h. richtig und gesetzlich geordneten Ganzen, sondern Ausdruck individuellen Machtstrebens, Mittel eitler Selbstdarstellung statt Sitz selbstloser Amtsverwaltung. Auch von diesem Thron aus wird regiert, aber es ist die willkürliche, absolutistische Tyrannenherrschaft eines Mannes, der, wenn auch ein gewiegter Machtpolitiker, doch ohne Legitimation den Thron bestiegen hat. Nur mit Hilfe seiner Truppe behauptet er sich auf ihm. Äußerer Pomp verbirgt die innere Schwäche, wie sich im Laufe des Spiels dramatisch zeigt.

Auch dieser Thron wird auf die Bühne gebracht, auch hier werden die Vorbereitungen für den Arbeitstag des Herrschers getroffen – aber es ist der Teufel, der alles erledigt, und er bringt in seinen Späßen, in vielen und immer neuen Variationen und Kadenzen zum Ausdruck, was er von Herodes und seinem Reiche hält: nichts. Er spielt Theater auf dem Theater. Der Thron ist es, der stets aufs neue seine Ironie herausfordert. Der Thron ist das Sinnbild der Herrschaft, und eine gute Regie wird alle Spieler sich so benehmen lassen, daß Respekt und Furcht – nicht Ehrfurcht oder Hochachtung! – vor diesem Thron erkennbar werden. Indem der Teufel diesen Thron veralbert, gibt er auch Herodes und dessen Herrschaft dem Spott der Zuschauer preis, noch ehe dieser und sein Hofstaat überhaupt erscheinen. Mehr noch: Es ist, als ob uns der Teufel selbst dabei hilft, das zu ertragen, was wir dann als waffenstarrendes, militärisch-borniertes und korruptes System vorgeführt bekommen, und als wolle er deutlich machen, daß alles Furchtbare, das Herodes befiehlt und begeht, nicht nur ihm anzulasten sei. Der Teufel läßt keinen Zweifel daran aufkommen: Er ist der Herr, Herodes ist nur eine Puppe, die er tanzen läßt, verblendet von Macht und Luxus; Herodes ist weniger originär böse als vielmehr schwach.

Dies zeigt sich schon bald nach dem Auftritt des Herodes. Kaum erfährt er von den Weisen aus dem Morgenland, was sich in seiner Nähe, wenn auch unbemerkt und unsichtbar für ihn, abgespielt hat, zielt sein ganzes Streben darauf, den eigenen Thron zu retten. Wo die Magier sich ›zu neuen Ufern‹ aufmachen und kein Risiko scheuen, klammert Herodes sich verstärkt an seinen Thron. Während diese die Zeitenwende ahnen und sich Rat holen, um ihre weltgeschichtliche Aufgabe auch jetzt richtig zu erfüllen, kreisen Herodes' Gedanken nur um Thron und Thronerhalt; weiter denkt er nicht, kann er nicht denken. Die Auskünfte seiner Schriftgelehrten befriedigen ihn nicht, darum jagt er sie wieder fort, voller Verachtung einerseits, vor Verzweiflung andererseits, denn nun steht er völlig alleine da. Zutiefst erschüttert werden wir Zeuge, wie er in seiner Existenzangst die Leere des Geistentfremdeten erleidet: die Einsamkeit um sich herum, die Ausdruck der Leere in ihm selbst ist. Angst und Hilflosigkeit bringen ihn dazu, seinen Thron um jeden Preis retten zu wollen – wenn er nur einen Weg wüßte. Hilfesuchend steht er auf der Bühne:

> Kummt denn und hülft mer niemand heut?
> Es sein gleich geister oder leut?
> I wüll mi eana versprechn goar
> Und eana folgn immerdoar:
> Ei, seit ir denn ålli verzågt?

Hier verzeichnet die Regie: »Herodes schwankt in seinen Sessel und sinkt zusammen.« – Es ist klar: Herodes ist ein gebrochener

Mann. Er ist nicht mehr Herr der Lage, nicht mehr Herr seiner selbst. Der Thron ist für ihn plötzlich nur noch ein *Sessel*, der ihn auffängt. Wo ist der äußerlich noch so Mächtige angelangt, wenn er nun stöhnt: »O weh, o weh, – wer hülfet mir?«

Zu jedem Fragenden gesellt sich der passende Ratgeber, wie es Novalis sagt: »Welcher Geist ruft, ein solcher erscheint.« Dem rufenden Herodes erscheint der Teufel.

Sehen wir in den Heiligen Drei Königen Gestalten, die als mächtige Priesterkönige wie Statthalter Gottes ihre Reiche verwalten, die sich wie Abgesandte, wie Beauftragte ihres Gottes fühlen, die danach streben, Abbilder Gottes zu sein, so sehen wir in Herodes eine Gestalt, die wie eine Karikatur eben dieser echten Könige auf uns wirkt. Macht und Glanz der alten Dynastien hat Herodes erstrebt und gewonnen, doch da ihm die spirituelle Reife fehlt, wurden sie für ihn zum Selbstzweck. Er blickt von seinem Thron nur dorthin hinunter, woher er selbst gekommen ist. Er vermag nicht zu erkennen, wie die drei aus dem Orient im Lichte weisheitsvoller Offenbarung erglänzen. Er sieht nur den Glanz, und den will auch er. Wir erleben im Dreikönigspiel, wie Geistverbundenheit und Weisheit absinken und verkommen zu geistloser Intellektualität; wir erleben, wie das Streben nach Vollkommenheit umschlägt in rücksichtslosen Egoismus, und wir sehen, wie der Mensch im gleichen Maß, in dem er seinen Egoismus auslebt, das Einfallstor für den Teufel öffnet.

Äußerer Ausdruck dieses Geschehens ist der Thron. Wird der rote Teufel am Ende des Paradeisspiels, als er zu früh zu triumphieren beginnt, vom Throne herab in seine Schranken verwiesen, so holt der schwarze Teufel am Ende des Dreikönigspiels seinerseits den Herodes, der sich zum Herrn über Leben und Tod aufschwingen wollte, vom Thron herab. Eben noch ist er dort oben beinahe allmächtig – nun ziehen ihn Ratten, Katzen und Mäuse auf den Boden der Tatsachen herunter. Herodes stirbt. Erst mit seinem Tod bricht der Bann, der seine Vasallen verblendete: »Ei, hätt i mi zuvor bedacht«, bricht es aus dem Hauptmann heraus, und da es kein anderer tut, richtet er sich selbst – er stürzt sich in sein Schwert und sinkt tot auf den Thron nieder.

Der Thron des Richters wird zur Stätte des Gerichtes

Der Ring schließt sich.

Herodes besteigt seinen Thron am Gerichtstag. Nachdem er Drohungen gegen diejenigen ausgestoßen hat, die er für seine Widersacher hält, und nachdem er wie formelhaft seine vermeintliche Legitimation als König der Juden durch deren weltliche und geistliche Autoritäten heruntergespult hat – so führt er sich ein –, kommt er zur Sache. Er kann kaum verbergen, welchen Genuß ihm die Vorstellung bereitet, daß nun jung und alt zu ihm in seinen Königssaal kommen und vor ihn hintreten werden als vor ihren Richter. Das Ende des Spiels nimmt das Gerichtsmotiv wieder auf. Mit derselben Unerbittlichkeit, mit der Herodes seinen Bittstellern begegnet, wird er nun vom Teufel behandelt, wird abgekanzelt, verspottet und verhöhnt. Und derselbe Thron wird auch zum Richtplatz für den Hauptmann.

Auch der Ring der Trilogie der Oberuferer Spiele schließt sich: Zu Beginn des Paradeisspiels steht der Thron Gottvaters auf der Bühne, überstrahlt vom göttlich-geistigen Glanz. Am Ende des Dreikönigspiels ist es der Thron des Herodes. Aber der glänzt nicht, er ist blutbeschmiert. Menschliches und menschheitliches Schicksal hat sich ereignet. Wir sehen es an jenem Stück Erdensubstanz, das stellvertretend vor uns steht als Thron.

Der Schemel im Stall von Bethlehem

Der Kumpanei des Christgeburtspiels, des mittleren der drei Spiele, gehört kein König an, auf der Bühne steht kein Thron. Es ist das Spiel der Hirten und Wirte, des Zimmermanns Joseph, der einfachen Leute, die den König und seinen Thron nur vom Hörensagen kennen. Wir finden aber im Stall von Bethlehem die Hocker. Im Textbuch heißt es: »Der Wirt führt Maria und Joseph vor die Krippe. Maria setzt sich auf einen Schemel.« Und etwas später, nach der Geburt, ehe das zum Hirtenspiel

Abb. 5. Verkündigung des Engels an Maria, 9. Jh., Württembergische Landesbibliothek, Stuttgart

überleitende Lied »A Kind geborn zu Bethlahem« von der Kumpanei gesungen wird, heißt es: »Joseph setzt sich ...« Es ist anzunehmen, daß sich auch Joseph auf einen Schemel setzt, obwohl das nicht gesagt wird.

Was ist ein Schemel? Das Wort leitet sich vom lateinischen ›scabellum‹, mittellateinisch ›scamellum‹ her, dem Wort für Fußbank. Ein Schemel ist ursprünglich also eine niedrige Erhöhung zum Aufsetzen der Füße. Ein solches Möbelstück kann in einem Stall wohl nur zum Melken dienen, und wir müssen uns Maria und Joseph also auf Melkschemeln vorstellen. Man kann schlecht im Stehen melken: Der Melkeimer wird vom Melker zwischen die Knie geklemmt, damit er nicht umgestoßen werden kann, wenn das Tier unruhig wird. Der Melker muß also hocken oder sitzen, denn er braucht beide Hände zum Melken. Wenn er sitzt, hat dies bei Kühen gegenüber dem Hocken den Vorteil, daß der Melkeimer näher an das Euter des Tieres kommt und die Milch dadurch weniger leicht verspritzt. Zugleich ist die Gefahr der Verunreinigung der Milch durch Fliegen, Spreu, Haare und Staub, vom Schwanz des Tieres aufgewirbelt, kleiner. So betrachtet ist ein Melkschemel keine ›Sitzgelegenheit‹ zum Ausruhen.

Thron, Schemel und Stuhl – ›Siegel‹ der Menschheitsgeschichte

Es ist sehr wahrscheinlich, daß das Sitzen zum Zwecke des Ausruhens ursprünglich kein Sitzen, sondern ein Hocken war, daß die Menschen sich dabei also auf den Boden gehockt haben, wie wir es auf dem Gipfel eines bestiegenen Berges tun, wie es Kinder immerfort tun und auch die Naturvölker; nicht, weil sie primitiver sind als wir, sondern weil sie der Natur noch näher sind als wir erwachsene Europäer. Die Menschen saßen vielleicht auf etwas Stroh oder auf einem Fell, später auf einem Kissen oder Teppich, um das Feuer herum – und dadurch dem wärmenden Feuer auch näher. Beim Hocken hält der Mensch auch seine eigene Körperwärme besser zusammen, indem er, physikalisch gesprochen, seine wärmeabstrahlende Oberfläche verkleinert. Schemel und Hocker geben uns so einen wesentlichen Hinweis auf das Wichtigste im Leben des Menschen: die Arbeit. Der Melkschemel, der Hocker, ist keine Sitzgelegenheit, sondern ein Arbeitsgerät, also eine Hilfe für sachgerechteres Arbeiten, d.h. für ein besseres, richtigeres Umgestalten der Welt.

Nehmen wir das ernst, dann zeigt sich bei Schemel und Hokker dasselbe wie beim Thron: Es sind Hilfen für den Menschen zur Erfüllung seiner Aufgaben. Schemel und Hocker sind die Arbeitsgeräte der einfachen Menschen. Sie sind niedrig, denn die Arbeit wird an der Erde und an den Tieren geleistet. Der Thron ist erhöht, denn die Aufgaben des Thronenden erfordern von diesem Überblick und Himmelsnähe. Beide aber, Schemel und Thron, sind gleich alt.

Und was ist ein Stuhl? Er ist entstanden aus den Arbeitsgeräten *Schemel* und *Thron*, insofern sie nur als Sitzgelegenheiten betrachtet wurden. So steht der Stuhl mit Recht zwischen Schemel oder Hocker einerseits und Thron andererseits. Der Mensch ist auf dem Stuhl in Ruhe, aber in seiner menschlich-aufrechten Haltung. Auch auf dem Stuhl kann man arbeiten, vornehmlich natürlich geistig. So ist es auch verständlich, daß der Stuhl zum wichtigsten Möbel des modernen Menschen geworden ist.

Und es ist zugleich verständlich, daß sich aus dem Stuhl entwickelt haben Sessel, Sofa und Liege (nicht Bett!). Sie dienen der Entspannung oder was man darunter heute versteht. Im Sessel kann man nicht arbeiten, im Sessel trägt man keine Verantwortung. Das Bewußtsein ist gedämpfter – und nur allzu leicht entgleitet man in den Schlaf.

Thron, Schemel und Stuhl zu verstehen heißt, in geprägten ›Siegeln‹ Menschheitsgeschichte zu lesen.[1]

Stock und Stab

Über die Stöcke in den Oberuferer Weihnachtsspielen

In seiner meisterhaften Kurzgeschichte *An diesem Dienstag* läßt Wolfgang Borchert eine kleine Schülerin, die sich über ihre Lehrerin ärgert, sagen: »Die mit ihrer Brille.«[2]

Wir kennen das wohl alle aus unserer eigenen Kindheit: Steht man hilflos vor einem Menschen, den man als bedrückend empfindet, hilflos, weil man nicht die innere Kraft hat, die Zusammenhänge zu durchschauen und die Bedrohung zu relativieren – dann sucht man Halt an einer Äußerlichkeit dieser komplexen Bedrohung, die man mit seinem Bewußtsein umfassen kann, und läßt seine Gefühle an dieser Äußerlichkeit aus. Ein ganz erfaßbares äußerliches Attribut repräsentiert gewissermaßen ein größeres, nicht ganz begreifbares Wesen; das Attribut wird gleichwohl wie ein typisches Wesensmerkmal betrachtet – sonst hätte es ja keinen Sinn, sich an ihm ›auszulassen‹ – und damit ist es eigentlich gar nichts nur Äußerliches mehr. Es kann so etwas geradezu zum Charakteristikum eines Menschen werden.

Häufig ist so ein äußeres Attribut allerdings nicht typisch für einen ganz individuellen Zug, sondern für ein Amt, das ein Mensch bekleidet. Es kann sich dabei um eine Uniform handeln, um eine Tracht oder ein Ornat, um eine Robe oder auch nur um einen weißen Kittel oder eine Lotsenmütze.

Begegnen wir einem Unbekannten, der Träger irgendeiner solchen ›Äußerlichkeit‹ ist, dann ist es spannend, die hinter dieser Äußerlichkeit verborgene Persönlichkeit allmählich zu entdecken. Je stärker diese ist, desto rascher geht das; je schwächer sie ist, desto länger bleibt alles Äußere im Vordergrund und steht trennend zwischen dem Ich des Beobachtenden und dem des Beobachteten.

In einer solchen spannungsreichen Situation des Noch-nichtbegreifen-Könnens, aber Begreifen-Wollens befindet man sich auch, wenn man Darstellungen aus alten Zeiten betrachtet: etwa die Statue eines ägyptischen Pharao, der in der Hand ein sogenanntes Henkelkreuz trägt. Was sagt es uns?

Ein wenig spielt sich ein solches Verstecken und Entdecken bei den Karnevalsverkleidungen ab. Es spielt sich auch ab zwischen Zuschauer und Darsteller auf dem Theater. Kostüme und Requisiten sind daher für die Darstellung der ›Personen‹ sehr wichtig.

Was ein Requisit bedeutet und in welcher Wechselbeziehung es zu der betreffenden Person steht, soll am Beispiel der Stöcke und Stäbe betrachtet werden, die in den Oberuferer Weihnachtsspielen gebraucht werden, denen wir aber wohl gewöhnlich nicht gerade unsere größte Aufmerksamkeit widmen.

Die verschiedenen Stöcke in den Spielen

Einen Stock trägt im Christgeburtspiel der Joseph, einen auch der Joseph im Dreikönigspiel. Ferner haben die Hirten Gallus, Stichl und Witok sowie der vierte Hirt, Crispus, je einen Stock. Außerdem treten die drei Könige Melchior, Balthasar und Caspar im Dreikönigspiel jeder mit einem Stab auf, und schließlich trägt der Engel in zwei Spielen einen Stab, die *Sternstange*. Die Stöcke werden teilweise im Text erwähnt, teilweise werden sie nur in den Regieanweisungen genannt.

Die Sternstange des Engels nennt im Christgeburtspiel der alles begrüßende Sternsinger:

> Grüaß'n ma unser sternstanga,
> Daran unser Stern tuat hanga.

Der Stock des Joseph taucht in den Regieanweisungen auf: »Joseph klopft dreimal mit seinem Stab auf den Boden« (vor dem Wirtshaus des Rufinus).

Am häufigsten finden wir die Stöcke der Hirten erwähnt.

Einmal, als Gallus nach der gemeinsamen Mahlzeit spricht, in den Regieanweisungen: Die Hirten »stellen sich im Dreieck einander gegenüber, auf die langen Stäbe gestützt.« Ein zweites Mal nach der Verkündigung: »Die Hirten stehen im Dreieck zueinander gekehrt, stützen sich auf ihre Stäbe ...«

Dann spricht Witok direkt von seinem Stab, als er sein Geschenk an das Jesuskind nennt, ein kleines »lamblein«: »Dös wüll i behend mit mein stab umbfanga«, und schließlich lesen wir in den Regieanweisungen, als die Hirten vor dem Stall stehen: »Gallus klopft bei der Krippe stark mit seinem Stab auf den Boden.«

Von den Stäben der Könige erfahren wir nur aus den Regieanweisungen. Zur Vorbereitung ihrer Opferungsszene heißt es: »Der Pagi kommt und nimmt ihnen ihre Stäbe ab ... Dann bleibt er ... stehen und hält die Stäbe der Könige.« Und nach der Opferung heißt es: »Der Pagi bringt ihnen die Stäbe.«

Die Sternstange im Dreikönigspiel wird nicht genannt; es wäre aber unbegründet, wenn der Engel hier nicht auch eine Sternstange trüge. In den Regieanweisungen ist vom »Engel mit dem Stern« die Rede, und gewiß ›hängt‹ der Stern auch hier an einer Stange.

Ähnlich verhält es sich mit dem Joseph im Dreikönigspiel. Auch hier ist der Stock nicht direkt genannt, aber wir dürfen annehmen, daß Joseph zu Recht einen Stab trägt, zumal er ja noch im Spiel zur Flucht nach Ägypten aufbricht.

Insgesamt gibt es also 11 Stöcke oder Stäbe: *sechs* im Christgeburtspiel, *fünf* im Dreikönigspiel.

Die Form der Stöcke

Sind die Stöcke oder Stäbe auch genannt, so wird über ihre Form weder im Text noch in den Regieanweisungen etwas gesagt.

Es ist ziemlich wahrscheinlich, daß die Sternstangen der

zwei Engel in Oberufer einfache gerade Stangen waren, an deren oberen Enden die goldenen Sterne hingen; so sind diese Sternstangen ja im allgemeinen ausgeführt. Diese einfachste Form ist auch überall dort zu finden, wo in katholischen Gegenden am Dreikönigstag die Kinder als Könige von Haus zu Haus gehen.

Ob die Stangen selbst auch golden sind wie die Sterne, ist eine Frage an die Ausgestaltung der Inszenierung durch den Regisseur, den »Lehrmaster«, wie er in den Spielen genannt wird.

Es ist auch wahrscheinlich, daß die Stöcke der beiden Joseph-Gestalten einfache, gerade Stöcke sind; vielleicht sind sie nicht ganz so glatt wie die Sternstangen und man sieht noch die Astansätze. Sicher sind sie auch kürzer als die Sternstangen, und ganz gewiß sind sie nicht vergoldet, sondern erdverbunden-naturfarben.

Über die Stöcke der Hirten wird die Aussage gemacht, daß sie lang sind. Allgemein haben diese Hirtenstäbe bei den Kumpaneien der Freien Waldorfschulen die Form des Krummstabes. Der Krummstab ist in der katholischen Kirche eines der ältesten Bischofsinsignien, nachweisbar seit dem Beginn des 7. Jahrhunderts. Er war anfangs ein einfacher hölzerner Stock zum Stützen mit einer Krücke am oberen Ende. Dieser Bischofsstab wurde etwa um das Jahr 1000 bedeutend verlängert und die Krücke wurde durch eine hakenförmige Krümmung (curvatura) aus Elfenbein ersetzt. Diese war mit dem hölzernen Stab durch einen kugelförmigen Knopf verbunden, der seit der gotischen Zeit dann polygon gestaltet wurde, oft mehrere Nischen mit Statuetten erhielt. Er war auch als durchbrochene Laterne oder als kleine Kapelle gestaltet.

Auch der Abtstab war ein Krummstab, nur einfacher ausgeführt. Bischofs- und Abtstab wurden seit dem 16. Jahrhundert in der linken Hand – aber unterschiedlich gerichtet – getragen: der Bischof wendet die Krümmung seines Stabes stets nach *außen*, der Abt dagegen stets nach *innen* (Abb. 6). Die beiden Haltungen sollen andeuten, worauf sich die ›Macht‹ ihrer Träger richtet: die des Abtes beschränkt sich auf den abgeschlosse-

Abb. 6. Krummstab von Bischof und Abt (*Wiedergründung des Mutterklosters von Reichenbach St. Aurelius in Hirsau*, Tafelbild vermutlich von Sebald Bopp aus Nördlingen, um 1480)

nen Klosterbereich (innen), die des Bischofs aber richtet sich auf sein ganzes Bistum (außen).

Vielleicht ist es Zufall, vielleicht nimmt die Darstellung die spätere allgemeine Haltung vorweg; jedenfalls ist die ›curvatura‹ des bischöflichen Krummstabes nach außen gewandt, die des Abtstabes nach innen gekehrt. Dem entsprechen auch eindrucksvoll die Blickrichtungen von Bischof und Abt.

Oftmals war die ›curvatura‹ als Schlange ausgebildet, womit an den Stab des Moses angeknüpft wurde: Auf Geheiß Gottes wirft Moses seinen Stock auf die Erde; der wird dadurch zu einer Schlange, vor der Moses erschrocken flieht. Auf ein neues Geheiß Gottes ergreift Moses diese Schlange am Schwanz ,und sie wird wieder zum Stab (2Mo 4,2-4). Ob dabei ein Teil des Schlangenleibes gekrümmt blieb, erzählt die Bibel nicht.

Abb. 7. Die Heiligen Petrus, Wolfgang und Christopherus, (Hochaltar der Pfarrkirche in Kefermarkt, Oberösterreich, um 1495)

Die Bischöfe werden als Nachfolger der Apostel angesehen. Diese zogen in der Welt umher und hatten bei diesen Wanderungen gewiß stets einen Stock bei sich (siehe Abb. 7 und 8), wie alle Wanderer – obwohl Christus (im Lukasevangelium) spricht, als er die Apostel aussendet: »Ihr sollt nichts mit euch nehmen auf den Weg, weder Stab noch Tasche, noch Brot, noch Geld; es soll auch einer nicht zwei Röcke haben.« (Lk 9,3)

Abb. 8. Der ›Wanderer zwischen beiden Welten‹ trägt einen Stock mit runder Krücke (*Aufbruch zu neuen Welten*, Holzschnitt eines unbekannten Meisters, 16. Jh.)

Da die Bischöfe sich außerdem als Hirten empfanden, die ihren Gemeinde-*Schäflein* vorstanden, ist es auch verständlich, daß sie ihrem Stock *die* Form gaben, die den Hirtenstock auszeichnete. Daher die hakenförmige Krümmung seines oberen Endes.

Wozu der Stock diese Krümmung hatte, ist nicht ganz klar. Vielleicht diente sie dazu, ein Schaf leichter einzufangen: Man konnte etwa den Stock mit seiner Krümmung in einen Hinterlauf des Tieres ›einhaken‹. So könnte man jedenfalls die Stelle verstehen, in der Witok sagt: »Dös [Lamm] wüll i behend mit mein stab umbfanga.«

Am schwierigsten ist es wohl, sich über die Stöcke der Heiligen Drei Könige Klarheit zu verschaffen. Daß diese deshalb Stäbe trugen, weil sie sich auf die Wanderung nach Bethlehem gemacht haben und der Stab nun einmal zum Wanderer gehört, ist keine rechte Erklärung, denn als Könige sind sie ja gewiß nicht zu Fuß gegangen, sondern geritten. Ein Stab ist dabei eher hinderlich.

Sehr viel wahrscheinlicher ist es schon, daß es mit dem Stab für die Könige eine andere Bewandtnis hatte – vielleicht eine, die zum Teil auch im Bischofsstab anklingt.

Der Stock als Stütze

Welchen Zweck hat eigentlich ein Stock oder ein Stab?

Diese Frage erstaunt vielleicht und erscheint überflüssig. Selbstverständlich dienen Stock und Stab dazu, sich auf sie zu stützen, wie es im Psalm 23 heißt: »... dein Stock und dein Stab geben mir Zuversicht.«

Einer Stütze bedarf vor allem der ältere Mensch, worauf die wunderbare Rätselfrage der Sphinx deutet: »Am Morgen geht es auf vier Beinen, am Mittag auf zwei, am Abend auf dreien; was ist das?«

Man kann sich auf einen kurzen Stock besser stützen, wenn sein oberes Ende nicht senkrecht ist, sondern irgendwie waagerecht, wenn es also als Knauf ausgebildet ist, ein waagrechtes Querstück hat, abgewinkelt ist – oder als Haken geformt ist, also eine ›Krücke‹ bekommt, d.h. ein gekrümmtes Ende. Diese Bezeichnung ging später auf den ganzen ›Krückstock‹ über, besonders auf jenen Stock, der das Gehen nicht nur dem Gebrechlichen erleichtert, sondern demjenigen erst möglich macht, der lahm oder verletzt ist. Die Unterstützung des Körpers erfolgte ursprünglich unter den Achseln (bis zur Erfindung der Unterarmkrücken in der Mitte unseres Jahrhunderts).

Die runde Griff-Form der Krücke hat sich im Spazierstock erhalten. Seine Krücke ist also nicht zu vergleichen mit der Krücke des langen Hirten- oder Schäferstabes.

Die Form des Griff-Knaufes fand sich bei den wandernden

Handwerksburschen. Das Wandern von Gesellen ist in ganz kleinem Umfang in den letzten Jahren wieder aufgelebt, zum Beispiel bei Zimmerleuten, und sie haben dann auch heute noch (oder wieder) einen Knotenstock bei sich – mit Knauf, ohne Krücke.

Sowohl Knotenstock als auch Spazierstock gebraucht ein gesunder Mensch. Der Stock ist eine Erleichterung für den Wanderer, im Bergland ebenso wie beim Überqueren oder Durchwaten von Bächen, aber er ist meist nicht unbedingt notwendig. Wo er dies ist, hat sein Träger gesundheitliche Schwierigkeiten im Bereich seiner Füße, Beine oder der Hüfte; er ist aber ansonsten kräftig.

Der alte Mensch, der insgesamt geschwächt ist, dessen Rükken sich gekrümmt hat, hat früher eher zu dem langen Stock gegriffen. Hält man beim Gehen inne, dann kann man den Stock mit beiden Händen fassen. Dabei werden die Unterarme nach oben genommen und die Hände halten den Stock in Höhe des Kehlkopfes oder der Schlüsselbeine. Wenn dabei die eine Hand um die andere gelegt wird, dann ist die Reibung groß genug, um die Hand nicht am Stock abgleiten zu lassen. Der Oberkörper kann sich gerade halten, ohne die Rückenmuskulatur voll in Anspruch zu nehmen, und das ist eine große vorübergehende Erleichterung, es ist eine Erfrischungspause. Die Erfrischung wird dadurch verstärkt, daß bei fixierten Armen die Rückenmuskulatur die Atmung unterstützt. (Man spricht sogar von der ›Atemhilfsmuskulatur‹.) Hochleistungssportler praktizieren dies, wenn sie sich nach extremer Anstrengung, etwa bei einem Wettlauf, mit den Armen an einer Wand abstützen, bis sich die extreme Atmung wieder etwas beruhigt hat. Das nachfolgende Weitergehen, bei dem die Rückenmuskulatur wieder das Geradehalten des Rückens übernimmt, geht nach einer solchen Pause wieder besser. Die Pause kann noch erquicklicher werden, wenn man die Hände an den Körper führt, oder anders gesehen: wenn sich der Oberkörper an Hände und Stock anlehnt. Steht man dabei breitbeinig, so befindet man sich beinahe in einer stabilen Gleichgewichtslage. Physikalisch gesprochen wird ein Teil der Muskulatur, die für das aufrechte Gehen benötigt wird, dadurch entlastet, daß der Stock mit seiner Stabilität den Halt übernimmt. Die Vermittlung besorgen dabei die Hände, die dies dank der Reibung können.

Wie wichtig die Reibung ist, kann man beim Skistock sehen, der ja auch so und nicht etwa wie ein Spazierstock gehalten wird. Trägt man Handschuhe, besonders solche aus Wolle oder Segeltuch, die eine geringe Reibung am Stock ergeben und zum Ausgleich eine entsprechend größere – und wiederum stark ermüdende – Klammerkraft der Hände erfordern würden, dann erleichtern es hier die am Stockende angebrachten Schlaufen, die Hände in der richtigen Höhe am Stock zu halten. (Daß die Schlaufen noch andere Aufgaben erfüllen, sei nicht verkannt.)

Der Stock als Waffe

Dient der Stock noch anderen Zwecken als dem, Stütze zu sein? Es liegt nahe, in ihm auch die Waffe zu sehen. Darauf deutet eine Stelle im Hirtenspiel: Als Gallus umständlich darüber klagt, daß er am Vortag nicht mehr alle seine Schafe auf der Weide vorgefunden habe, weil der »leidige wolf« welche gerissen habe, sehen sich Witok und Stichl, wie es in den Regieanweisungen heißt, »erschrocken um und gehen dabei in Hockstellung.«

Daß die Hirten beim Wort *Wolf* instinktiv reagieren, ist gewiß nicht gespielt, sondern deutet auf die stete Wachsamkeit der Hirten angesichts immerzu lauernder Gefahren für die Herden. Daß sie »in Hockstellung« gehen, zeigt kluges und bewährtes Verhalten: In Hockstellung wird man nicht so leicht gesehen wie im Stehen, in ihr kann man längere Zeit völlig regungslos verharren und beobachten. Das Ziel ist dabei gewiß nicht, den Wolf zu vertreiben, sondern ihn herankommen zu lassen, um ihn dann direkt angehen zu können – natürlich mit dem Stock. Der wird dann wohl wie eine Art Lanze benutzt worden sein.

Abb. 9. In Kuhfellen gekleidet, mit Hörnern auf dem Kopf rüsten sich junge Männer in Oberstdorf am Vorabend von St. Nikolaus, um mit Kuhglockengeläut und Stöcken Dämonen zu vertreiben.

Der Stock als ›Zeigefinger‹

In dem Lied, das die Hirten gemeinsam singen, nachdem sie sich ihre Träume gegenseitig vorgesungen haben, preisen sie König David, der auch einst ein Schafhirt war. Aus dieser Tatsache beziehen sie ja einen nicht geringen Teil ihres Selbstbewußtseins. Die dritte Strophe ihres Liedes endet:

Jedermann auf den David deut:
Sans die hirtn nit wåckere leut?

Es hat sich eingebürgert, und sehr wahrscheinlich geht das auf Rudolf Steiner zurück, daß die drei Hirten am Ende der vorletzten Zeile beim Worte »David« auf irgendeinen Zuschauer deuten, den sie sich herausgesucht haben. Sie richten ihre langen Stöcke wie überdimensionale Zeigefinger auf ihn und machen, ehe sie die letzte Zeile singen, eine kleine Pause – vielleicht um die Wirkung zu beobachten, die ihr Spaß auf den unerwartet Herausgestellten oder auf die anderen hat. Der Stock dient also auch als Deut- oder Zeigestock, und gut kann man sich vorstellen, daß sich die Hirten im Gelände gegenseitig mit Hilfe ihrer Stöcke auf entfernte Vorgänge aufmerksam gemacht haben: auf eine Rauchsäule oder ein Feuer, auf einen in der Ferne vorbeiziehenden Wagen oder einen Trupp Reiter, vielleicht auf einen sich anschleichenden Wolf oder einen Stern am nächtlichen Himmel.

Der Stock als Haken

Die Verwendung der Stockkrücke als Haken wurde schon genannt. Man kann sich gut vorstellen, daß nicht nur Schafe damit eingefangen wurden. Sicher wurde so manches aus den Bächen gefischt oder der Zweig eines Baumes heruntergebogen, um leichter an die Pflaumen und Äpfel zu kommen.

Der Stock als Klopfer

Mehrfach wird im Hirtenspiel und auch im Dreikönigspiel mit dem Stock auf den Boden geklopft: Joseph macht sich den Wirten auf diese Weise bemerkbar, Gallus weckt Joseph so, die drei Könige melden sich so bei Herodes an.

Man kann annehmen, daß das Klopfen auf den Boden eine Lösung für das Theater ist, denn besonders das Klopfen vor einem Haus auf Steinplatten oder gar Erdreich ist ja akustisch nicht sehr ergiebig. Im wirklichen Leben wird man mit dem Stock an die schweren Holztüren gepocht haben; der Stock ersetzte dann den Fingerknöchel.

Der Stock als Hebel

Die Hirten verwenden die Stöcke auch als Hebel, zumindest nach der Regie von Karl Schubert bzw. von Rudolf Steiner: Nach der Verkündigung ist der Stichl fest eingeschlafen; als er geweckt wird, bleibt er aber genüßlich liegen und weiß auf alle aufmunternden Worte des Gallus eine unwiderlegbare Antwort zur Rechtfertigung weiteren Liegenbleibens. Als auch sein dritter Versuch mißlungen ist, greift Gallus zu einem anderen Mittel: Er und Witok schieben Stichl ihre Stöcke unter und hebeln ihn hoch.

Ein Stock wurde auch von Wanderern oft als Hebel gebraucht: Sie hängten ihr ›Bündel‹ an ihm über die Schulter. In den Oberuferer Spielen tritt diese Situation nicht auf, aber ein Stichl ist gut vorstellbar, wie er mit seinem Vesperbündel am geschulterten Stock aufs Feld marschiert.

Der Stock als ›Fühler‹

Wenn die drei Hirten auf der Suche nach dem neugeborenen Jesuskind durch die Nacht tappen, die so finster ist, daß sie nicht sehen können, ob sie »recht oder unrecht zur stadt eingehn«, da stochern sie mit ihren Stöcken vor sich auf dem Weg herum. Auch dies ist sicher eine Regieanweisung, die auf Rudolf Steiner zurückgeht, denn im Textbuch findet sich kein Hinweis darauf.

Natürlich ist das »Nacht-Dunkel« (Rudolf Steiner) ein Bild für die innere seelische Situation der Hirten, die erst durch die Anbetung des Kindes ein neues Licht in ihr Leben eindringen sehen. Aber gerade der bildhafte Charakter des Dunkels wird durch die Realistik der Darstellung den Zuschauern so richtig deutlich. Wir in unserer Zivilisation kennen ja eine wirklich »finstere« Nacht kaum noch; wir müssen uns in die geschilderte Nacht-Situation bewußt einleben. Da kann es für uns von ganz besonderer Hilfe sein, zu erleben, daß die Hirten ihre Stöcke wie Blindenstöcke gebrauchen. Sie sind wirklich vorübergehend blind und brauchen einen ›Fühler‹.

Stock zum Hüten und Treiben

Und noch eine Verwendung findet der Stock. Auf ihrem Zug nach Bethlehem sehen Maria und Joseph gegen Abend die Stadt in der Ferne liegen. Joseph sagt zu Maria:

> Schau an, die stadt tuat si fast nahn,
> Låß uns dös viech a weng jagn,
> Dåß nit gespirret wird dös tor
> Und ma über nåcht müaßn bleibn davor.

Aus Marias Antwort wird deutlich, daß Joseph seinen Schritt tatsächlich beschleunigt hat: »O Joseph, ailet do nit so sehr«, und natürlich hat er den Ochsen, den er ja führt, zum rascheren Lauf mit seinem Stock angetrieben.

Der Stock als Sprunghilfe

Wenn sich die Hirten im Christgeburtspiel zusammenstellen, um sich zu erzählen, was sie geträumt haben, geht das in einer merkwürdig bestimmten, beinahe zeremoniellen Weise vor sich. Die Regieanweisung hierzu lautet: »Die Hirten stehen im Dreieck zueinandergekehrt, stützen sich auf ihre Stäbe und springen um diese herum, so daß sie sich nun den Rücken zukehren.«

Nachdem Gallus seinen Traum zu Ende gesungen hat, heißt es: »Sie drehen sich mit einem Sprung wieder einander zu.« Dann folgt noch zweimal, immer nachdem die Befragten sich zum Erzählen ihrer Träume bereit erklärt haben und ehe sie damit beginnen, die Regieanweisung: »Sie wenden sich wie oben wieder den Rücken zu.«

Nachdem Witok als zweiter gesungen hat, heißt es: »Sie drehen sich wieder einander zu.« Als auch Stichl als dritter seinen Traum zu Ende gesungen hat, heißt es nur: »Die Hirten singen, indem sie im Kreise herum hintereinander herziehen«, d.h. die Stellung der einander zugekehrten Rücken haben sie wieder aufgegeben; es wird aber nicht gesagt, ob mit oder ohne Sprung.

Die Stellung der Hirten bei dieser Szene ist äußerst merkwürdig. Geht man davon aus, daß die Basis des Dreiecks, in dem sie einander zugekehrt stehen, vorne liegt, also dem Publikum zugewandt, dann steht rechts und links je ein Hirt, der dritte steht in der Mitte, aber etwas weiter hinten auf der Bühne. Dabei bildet sich ein Dreieck, das seine Spitze beim hinteren Hirten hat.

Gesprächsstellung:

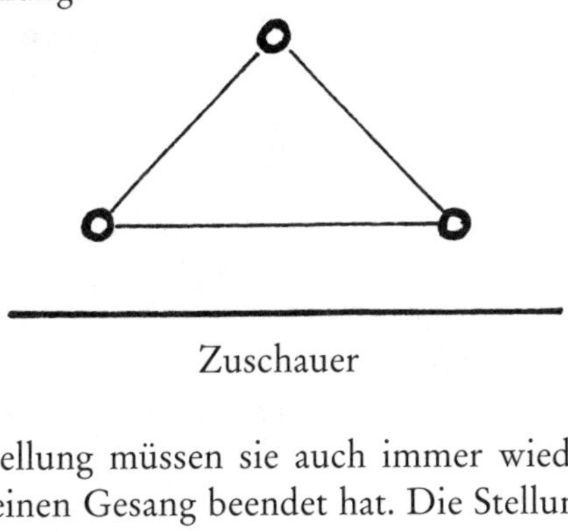

In diese Stellung müssen sie auch immer wieder springen, wenn einer seinen Gesang beendet hat. Die Stellung, in der sie nun während des Gesangs stehen müssen, ist wiederum ziemlich zwangsläufig ein Dreieck, dessen Spitze nach vorne zum Publikum zeigt.

Gesangs-Stellung:

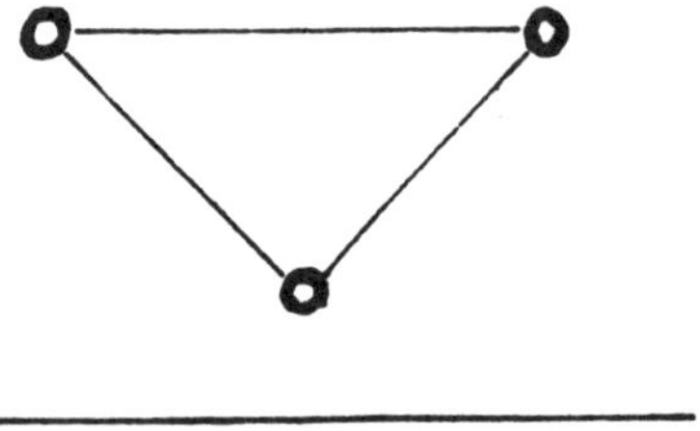

Zuschauer

Der Singende trägt nun dem Publikum sein Lied vor in der Stellung, in der ein Sänger oder Redner immer vor dem Auditorium steht. Aber dadurch, daß er Teil einer Gruppe von dreien ist, die alle nach außen gewandt sind, wirkt der Singende nicht als Solo-Vortragender, sondern ganz eingebunden in diese Gruppe.

Wie durch die ›Choreographie‹ dieser Szene der Charakter der Hirten-*Gruppe* mit der notwendigen Herausstellung des jeweils singenden *Einzelnen* verknüpft ist, das ist so genial, daß man annehmen muß, diese Anordnung sei für die Bühne ersonnen und entspreche nicht den Gepflogenheiten der Hirten im Leben. Nur nebenbei sei erwähnt, daß die Hirten bei dieser Szene jeweils einmal den Kreis umrunden und dabei durch ihre eingenommenen Stellungen dreimal einen Davidstern bilden.

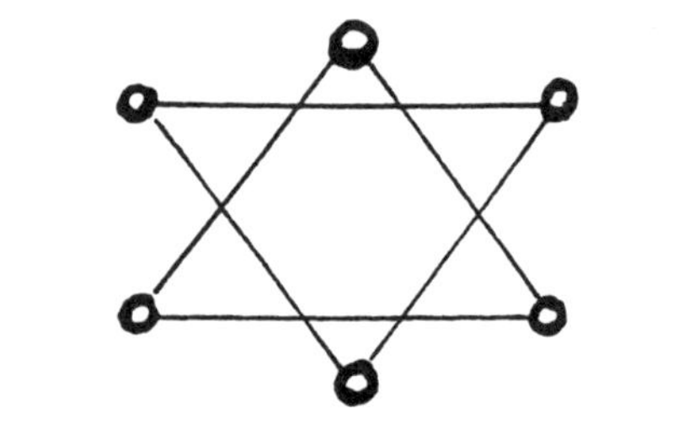

Zuschauer

Im Zusammenhang mit der Betrachtung der Stöcke muß das ›Um-den-Stock-Herumspringen‹ einen besonders wundernehmen. Es könnte sein, daß mit diesem Sprung eine ›Übung‹ auftaucht, die auch sonst gepflegt wurde: Es gibt Gegenden, in denen man mit Hilfe eines langen Stabes Hindernisse überwindet. Im Emsland etwa, wo viele Kanäle das Moorwasser ableiten, bedienten sich die Bauern und Landarbeiter eines solchen Stockes, um mit einem großen Satz trockenen Fußes über solche Kanäle zu setzen. Es ist mir nicht bekannt, ob ähnliches auch im Gebiet von Oberufer gepflegt wurde; denkbar scheint es mir durchaus. Man kann im Sprung so ja nicht nur Moorbäche überqueren, sondern auch sumpfige Wiesenstellen, reißende Bergbäche und vielleicht auch Zäune und Gatter. Es könnte durchaus sein, daß hier der Ursprung dessen erkennbar wird, was sehr viel später zum Stabhochsprung als sportlicher Disziplin geführt hat. (Um die Jahrhundertwende gab es neben dem Stabhochsprung – damals ›Stangenhochsprung‹ genannt – auch noch den Stangenweitsprung.)

Die Stäbe der Könige

Fassen wir zusammen: Stock und Stab werden auf verschiedene Art benutzt. Dabei ergänzt oder ersetzt dieses Gerät den Finger (beim Zeigen, beim Klopfen), die Hand (als Haken, als zuschlagende Faust), den Arm (als Hebel), das Bein (beim Sprung) und schließlich die Rückenmuskulatur (als Stütze).

Wenden wir nun wieder unseren Blick den Königsgestalten zu und fragen wir uns, was sie mit ihren Stöcken wohl ›gemacht‹ haben, dann finden wir nur eine der genannten Tätigkeiten im Dreikönigspiel: Vor Herodes klopfen sie, Gehör und Einlaß erbittend, auf den Boden. Das ist natürlich wiederum nur theatralisch: im Leben hätte selbstverständlich ein Bediensteter dies besorgt, also etwa der Pagi. Nur hat der im Spiel keinen Stock. Der Königsstab ist jedenfalls kein Klopfer.

Wenn die Stöcke der Könige im Sinne eines äußerlichen Werkzeuges nicht gebraucht werden, aber dennoch ständig ›bei der Hand‹ sind, dann gewiß aus einem inneren Grunde.

Dieser Grund muß zu finden sein. Wir wollen daher die verschiedenen, oben untersuchten Situationen noch einmal in Gedanken durchgehen. Dabei fällt uns auf, daß der Stock dem Menschen überall als Werkzeug dient – er hilft ihm, etwas zu *tun* –, außer bei seinem Einsatz als Stütze. Hierbei hilft er dem Menschen, etwas zu *sein*, nämlich *aufrecht* zu sein.

In seiner aufrechten Haltung, durch seinen geraden Rücken, ist der Mensch erst ganz Mensch: ein sich selbst bewußtes Lebewesen zwischen Erde und Himmel.

Diese Aufrechte ist ja nicht von selbst da, ist nicht *natur*gegeben, sondern muß mühsam erlernt und erworben werden und kann auch später nur im wachen und gesunden Zustand beibehalten werden: Der Schlafende liegt, der Kranke ›legt sich nieder‹, der sterbende Krieger ›fällt‹, der Tote ›liegt‹ aufgebahrt. Der wache, gesunde, handelnde Mensch aber ist aufrecht, er kann frei in die Welt blicken: auf seine Mitmenschen, auf seine Arbeit und auf den Weg, den er zu gehen hat, um sein Ziel zu erreichen.

Wenn es dem schwachen und dem alternden Menschen, den die Last der Jahre gebeugt hat, an der Kraft gebricht, diese wunderbare Aufrechte zu leben, dann hilft ihm der Stock. Dankbar ergreift er ihn als einen Helfer.

Aufrecht zu sein ist auch im übertragenen Sinne Aufgabe des Menschen. Aufrecht muß besonders der Erwachsene sein, der Kinder *auf*zuziehen, d.h. nach ›oben‹ zu ziehen, zu erziehen hat – und aufrecht müssen unter den Erwachsenen diejenigen sein, die leitende, führende Stellungen (nicht etwa ›Liegungen‹!) haben. Das waren in den ältesten Zeiten die Priesterkönige. Es waren dies Persönlichkeiten, die als oberste Priester die Hüter des religiösen Lebens waren, die zugleich als Könige staatliches Oberhaupt und militärischer Oberbefehlshaber waren und die auch diejenigen waren, die für das wirtschaftliche Leben die Verantwortung trugen. Das wird ja oft vergessen. Aber wenn man nur daran denkt, was die alten Priesterkönige an Bauten haben erstellen lassen, wird es einem sofort klar. Später waren die Könige, Caesaren, Kaiser und Zaren einerseits, die Bischöfe und Päpste andererseits die großen Bauherren – und bis in die Gegenwart hinein findet sich bei vielen Menschen, die in der Öffentlichkeit Verantwortung tragen, der Drang, besondere Bauten zu errichten.

In den Oberuferer Spielen treten mit den Heiligen Drei Königen solche Priesterkönige auf. Ihr Volk blickte auf sie, es blickte zu ihnen empor, sie waren Vorbilder. Als ob sie dieser Tatsache stets eingedenk sein wollten, wie eine ständige Erinnerung an die Aufgabe, die ihnen als Herrscher gestellt war, trugen sie als Insignie den Stab. Man kann in ihm eine stete Mahnung sehen, ein ›memento‹ – aber nicht ein ›memento mori‹, sondern ein ›memento vitae‹, ein: Gedenke des Lebens, das du für das Gemeinwesen zu leben hast, sei aufrecht! Sei ein Mensch!

Es ist berechtigt, ja nötig, im Wortgebrauch nun diesen unterschiedlichen Bedeutungen gerecht zu werden. Man tut es, indem man von den *Stöcken* der Hirten und des Joseph, aber von den *Stäben* der Könige spricht.

Krummstab und Zepter

Wir wissen, daß sich die beiden Funktionen des Priesterkönigs in *König* als Staatslenker und *Oberpriester* als Wahrer des geistigen Lebens trennten. (Die Funktion, oberster Verantwortlicher für das wirtschaftliche Leben zu sein, ging auf das weltliche *und* das geistliche Amt über.) Die Trennung erfolgte in den verschiedenen Kulturkreisen zu unterschiedlichen Zeiten, doch war sie zur Zeit um Christi Geburt, also während der griechisch-römischen Epoche, im Mittelmeerraum wohl vollzogen.

Ein äußerer Ausdruck dieser Trennung ist an dem Insignium ›Stab‹ abzulesen: Aus dem Stab des Priesterkönigs wurden auf der Seite des geistlichen Amtes der Bischofsstab und der Abt-

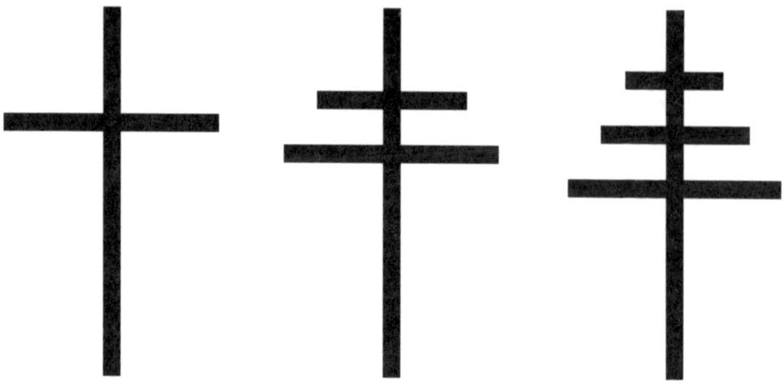

Lateinisches Kreuz Erzbischöfliches Doppelkreuz Päpstliches Kreuz

stab, die wir schon als Krummstab betrachtet haben, und auch der Stab des Papstes: ein Stab ohne ›curvatura‹, am Ende mit einem Kreuz versehen – oder auch mit drei Querbalken (wie auf Abb. 7 bei Petrus, dem ersten Papst, zu sehen), als Steigerung des erzbischöflichen Kreuzes, das nur zwei Querbalken zeigt. Auf der Seite des weltlichen, politisch-richterlichen Amtes trat an die Stelle des Stabes das *Zepter*.

Das Wort leitet sich vom griechischen ›skeptron‹ her. Es bezeichnete einen langen, »an seiner Spitze bald mit einem Knopfe, bald mit einer Blume verzierten Lanzenstab«, welcher »schon bei Homer als ein Zeichen göttlicher Gewalt und der von den Göttern abstammenden Herrscher erscheint; es erbte sich bei den Fürstengeschlechtern fort. Ebenso war das Skeptron das Symbol richterlicher Gewalt; ihn trugen die Gesandten, und der Herold übergab ihn dem jedesmaligen Redner in der Ratsversammlung. Auf Bildwerken erscheint das Skeptron häufig als Attribut von Gottheiten, aus ihm entstand der bei weitem kürzere Feldherrnstab, den die Neuzeit vom Altertum angenommen hat.«[3]

Wir kennen vor allem den Gott Hermes bzw. Merkur als einen Stabträger. Er heißt ja auch der ›Götterbote‹, und so geht sicher neben Zepter und Feldherrnstab auch der Stab des Heroldes (aber nicht der eines Zeremonienmeisters) auf ihn zurück

Abb. 10. Triptolemeus zwischen Demeter (links) und Kora
(Marmorrelief aus Eleusis)

– und in letzter Abschattung der Stab des ›Hochzeitladers‹. Etwas wie ein allerletztes und ganz ins Zweckmäßige veräußerlichtes Glied in dieser ›Skeptronkette‹ ist der Stab beim sportlichen Staffel-Lauf. (Wie eine Karikatur des antiken ›Rednerstabes‹ können einem heute die Stabmikrophone vorkommen!)

In den Oberuferer Spielen taucht das Wort *Zepter* einmal auf: Als die drei Hirten nach der Verkündigung sich gegenseitig einzeln ihre Träume erzählt haben, schließen sie sich wieder zur Gruppe zusammen und singen gemeinsam ihr Schäferlied. In allen drei Strophen wird König David genannt. In der dritten Strophe heißt es:

> Nåch aner schlåcht und küenen tåten,
> Auserwölt zum potentaten,
> Muaß er a den scepter füeren,
> Welt regieren, juden zieren.

Aber das ist im Christgeburtspiel. Im Dreikönigspiel ist es nun der König Herodes, der ein Zepter führt. Es wird zwar im Zusammenhang mit ihm nicht von Zepter gesprochen – auch nicht von Stab – sondern nur von ›Präsent‹:

> Seh hin, hauptmann, da hast du dies präsent;
> Das verehr i dir vor meim end.

So spricht der sterbende Herodes, aber die Überlieferung, ihn mit einem Zepter auftreten zu lassen, ist aus den vorangegangenen Überlegungen notwendig. Herodes verdankt seine Stellung dem Militär, wie im Spiel eindrucksvoll dargelegt wird, und seinen ranghöchsten Soldaten ernennt er in seiner Todesstunde zu seinem Nachfolger. Das Attribut seiner Macht kann nur das Zepter sein, insofern es Feldherrnstab ist und auch insofern es das Zeichen der richterlichen Gewalt ist, die Herodes ja ebenfalls ausübt, wie bei seinem ersten Auftreten im Spiel zu sehen ist.
Herodes trägt das kurze Zepter. Er versteht den Sinn dieses Königs-Insigniums nicht mehr. Die Aufrechte dieses Symbols ist im selben Maße geschrumpft wie sein Verständnis von einem aufrechten Königtum, wie seine Fähigkeit zu aufrichtiger Ge-

Abb. 11. Reiterstandbild des Königs Stephan, Budapest. König Stephan trägt den Stab mit dem erzbischöflichen (Doppel-)Kreuz. Deutlich sichtbar der Kugelknauf, der Kreuz und Stab verbindet.

sinnung. Herodes beansprucht die Rechte des Königtums, aber dessen Pflichten entzieht er sich. Die stumme, immerwährende Mahnung des Königsstabes würde er nicht ertragen, da er zu einer selbstlosen Besinnung auf seine Amts- und Lebensführung gar nicht in der Lage ist. Herodes führt ein Zepter, und er führt es beinahe wie einen Hammer oder eine Streitaxt. Das Symbol rechtfertigt ihm ein unumschränktes Ausleben seiner ungeläuterten Willenskräfte, die er ebenso wie seine diabolische Intelligenz seinem Machtgelüst unterordnet.

Betrachtet man das Zepter so, dann müssen wir es auch zu den Stäben rechnen; deren Zahl erhöht sich dann im Dreikönigspiel auf *sechs*, insgesamt auf *zwölf*.

Der Stab im übertragenen Sinne

Über den ›Feldherrnstab‹ oder ›Marschallstab‹ ist das Wort *Stab* im weiteren Sinne bedeutungsvoll in unsere Sprache eingegangen.

Wer wurde Feldherr oder Marschall und erhielt den Stab? Nicht der größte Haudegen, sondern der klügste Stratege. Entsprechend wurde die erweiterte Führungsspitze einer Armee zum ›Generalstab‹. Er besteht aus einem Offizierskorps, das besonders ausgebildet ist für die Führung der Truppe.

Es hat sich also im Gebrauch des Wortes etwas vom ursprünglichen Sinn erhalten: die Bedeutung der Haupteskräfte, der Denkkräfte. Wenn auch eingeschränkt auf ein rein militärisches, taktisch-strategisches Denken, so ist doch ein Denken und Lenken, nicht ein Lossprengen und Draufschlagen, die Aufgabe eines Generalstabes.

Entsprechend dieser Bedeutung wurden in der deutschen Armee die höheren Offiziere ›Stabsoffiziere‹ genannt – zwischen Hauptmann und Generalmajor (bzw. Kapitänleutnant und Konteradmiral bei der Marine), also Major (Korvettenkapitän), Oberstleutnant (Fregattenkapitän) und Oberst (Kapitän zur See).

Wieder erweiterte sich der Gebrauch, indem man auch in nicht-militärischen Zusammenhängen von einem ›Stab‹ sprach, wenn man ein leitendes Gremium im Auge hatte, deren Mitglieder allerdings stets weisungsgebunden unter einem ›Oberhaupt‹ rangierten, dem sie zuarbeiteten. Wenn also ein Chefarzt Visite macht – auch das Wort ›Chef‹ ist ja aus der Militärsprache entnommen worden, aber meines Wissens erst unter Ferdinand Sauerbruch – dann schwärmt ein ›ganzer Stab‹ von Ärzten und Schwestern hinter ihm her.

Einen Mitarbeiter*stab* kennt man auch in der Wissenschaft, in der Industrie sowie in der Politik. Noch etwas weiter hat sich der Gebrauch des Wortes im Englischen von seiner ursprünglichen Bedeutung entfernt, wenn man etwa die für ein Hotel zusammengestellte Mitarbeiterschar, also Köche, Kellner, Serviererinnen, Putzhilfen und so weiter als ›staff‹ bezeichnet.

Stab wird auch noch anders gebraucht: er ist das Attribut des Dirigenten, unter dessen ›Stabführung‹ konzertiert wird. Auch hier eine Bedeutung, die im kulturellen Bereich angesiedelt ist. Man würde so wenig von einem ›Dirigentenstock‹ sprechen wie bei der Polizei etwa von ›Schlagstäben‹, und man spricht von einem ›Stockhaus‹ und von ›Stockwerken‹ bei Profanbauten, aber von ›Stabkirchen‹.

In den kulturellen Bereich gehören auch unsere ›Buchstaben‹, also die Buchenstäbe, die einstmals auf den Boden geworfen und dann von den Kundigen aufge*lesen* wurden.

Marschallstab und Zepter haben in Europa ihre Bedeutung verloren. Wo es sie heute noch gibt, werden sie aus Traditionspflege und Nostalgie mitgeschleppt – einen inneren Sinn mißt man ihnen bei uns so wenig bei wie den Herrscherinsignien von Faschingsprinzenpaaren.

Merkwürdigerweise aber scheint die symbolische Kraft solcher Attribute in Afrika noch geschätzt zu werden. Der selbsternannte Kaiser der Zentralafrikanischen Republik, Bokassa, zeigte sich gern in seiner Hermelinrobe mit einem langen Herrscherstab, den er in seiner Rechten hielt. Der Diktator Zaires, Präsident Mobutu, postierte gerne in einer weißen, tressengeschmückten Phantasieuniform, in der Rechten einen penibel senkrecht gehaltenen Marschallstab – als wolle er Marschall Tito nachahmen. Und schließlich kommt man aus dem Staunen

Abb. 12. Jean-Bedell Bokassa, selbsternannter Kaiser der Zentralafrikanischen Republik

Abb. 13. Joseph D. Mobutu, Präsident Zaires

nicht heraus, wenn man den Südafrikaner Buthelezi sieht: Stets hält er einen Feldherrnstab in der Faust, auch zu Verhandlungen mit anderen Politikern nimmt er ihn mit. Zu seiner europäischen Zivilkleidung kontrastiert das eigenartig.

Der Stock im übertragenen Sinne

Auch das Wort *Stock* ist in vielfacher Weise in unsere Sprache eingegangen.

Zwei kräftige, gleichgroße Holzquader, die man mit Hilfe einer Spindelschraube gegeneinander pressen kann und zwischen die der Schreiner sein Werkstück zur Bearbeitung einspannt, nennt man ›Schraubstock‹. Der Begriff ging auf die modernen Bauarten über, die nur noch aus Metall bestehen.

Weil der Stock aus Holz geschnitten wurde, ging das Wort teilweise auf die ganze Pflanze über: man spricht vom ›Weinstock‹ oder von einem ›Blumenstock‹. Wenn beim Hausbau die Geschosse aufgerichtet wurden, dann sprach man den Balkenlängen entsprechend von ›Stockwerken‹. Das unterste war der ›Grundstock‹, auf dem dann weitergebaut werden konnte. Im übertragenen Sinne wird dieser Begriff genauso verwendet wie das weiter verbreitete Wort ›Fundament‹. Auch das Fundament eines Gebirges nennt man einen Gebirgs*stock*.

Das Gefängnis, in dem Verurteilte mit Hals, Händen und Füßen in den ›Stock‹ eingeschlossen waren, also in Aussparungen zwischen Balkenpaaren, hieß ›Stockhaus‹. Die Rostflecken, die die Eisenbänder dabei hinterließen, waren die ›Stockflecken‹.

War ein Baumstamm hohl, konnten sich Bienen einnisten: es entstand der ›Bienenstock‹. Daß die heutige Polizei vom ›Schlagstock‹ spricht, ist eine Verharmlosung; passender wäre der Begriff ›Knüppel‹ – wie in Gummiknüppel.

Sehr interessant ist die Verbindung des Wortes »Stock« mit Eigenschaftswörtern: stockdunkel, stockfinster, stockheiser, stocktaub, stockdumm, stockbetrunken. Die Etymologen sprechen hier von einer ›Verstärkung‹ der Aussage. Nur: weshalb ist z.B. ›stocktaub‹ stärker als ›taub‹? Was hat der Stock damit zu tun? Zu verstehen ist das wohl nur, wenn man von seiner ursprünglichen Verwendung in ›stocksteif‹ ausgeht: ›so steif wie ein Stock‹ mit der Bedeutung: steifer als ein Stock geht es nicht mehr, er ist sozusagen die Steifheit schlechthin.

Davon ausgehend kann man ›stocktaub‹ verstehen. Es bedeutet nicht: ›taub wie ein Stock‹ – das gibt keinen Sinn –, sondern ›so taub wie überhaupt nur möglich‹. Eigenartig ist dabei die sehr junge Bildung ›stocksauer‹: ein Adjektiv, das in der Gegenwart eine neue Bedeutung bekommen hat, wird mit einer uralten Verstärkungsformel verbunden.

Die drei ›Teile‹ des Stabes

Wenden wir unseren Blick noch einmal auf die Stäbe der Heiligen Drei Könige. Indem diese ihre Stäbe immerzu mit sich führten, war die ›Mahnung zum Aufrechten‹ für sie in jedem Augenblick wirksam. Der Stab war für den Priesterkönig im Kleinen, was für sein ganzes Volk die errichteten ›großen Senkrechten‹ waren: die riesigen Menhire, die Obelisken, die Säulen, dann auch die Stelen, die Totempfähle und Ahnensäulen, später die irischen Hochkreuze und Rundtürme, die Minarette, die Glockentürme, noch später die Maibäume, Siegessäulen und Fahnenstangen.

Macht man sich recht klar, was man ›Aufrichte-Kraft‹ nennt – welche Kräfte sind doch nötig, um nur einen Maibaum aufzustellen und erst einen Menhir oder einen Obelisken! – dann erlebt man unmittelbar die Wirkung des Senkrechten auf die Seele, auf die Moralität. Man wird dann nicht in die pubertäre Zwangsvorstellung verfallen, die in jeder Senkrechten ein Phallussymbol sieht. Man wird vielmehr erleben können, wie die menschengebildete Senkrechte etwas ist wie ein Denk-Mal, etwas wie ein Treuebekenntnis, eine dankbare Antwort der Erdenmenschen an die göttliche Menschheitsführung, erbaut aus den Stoffen dieser Erde, errichtet entgegen der fällenden Schwerkraft, zum Himmel weisend, von dem immerzu Geist, Licht und Wärme auf die Erde und in ihre Lebewesen strömen.

In wunderbarer Weise wird diese lebendige Aufrechte auch an einer Senkrechten erlebbar, die aus einer tiefen Weisheit heraus Einzug gehalten hat in die Räume christlicher Besinnung und Dankbarkeit, in die Kirchen: Das ist die gezähmte Fackel, die erhobene Öllampe, die *Kerze*.

In der Advents- und Weihnachtszeit stellen wir wieder in besonderer Weise Kerzen vor uns hin. Lassen wir diese Kerzen zu uns sprechen.

Vielleicht finden wir die Muße, noch einmal die Stöcke und Stäbe an unserem inneren Auge vorbeiziehen zu lassen, die uns durch die wunderbaren Spiele aus Oberufer in neuer Weise zu einem Denk-Erlebnis werden können. Vielleicht wandern unsere Gedanken auch weiter: was ist aus Stock und Stab nicht alles geworden! Über den Grabstock hinaus haben die Menschen Hacke, Spaten, Schaufel, Gabel, Rechen, Besen und viele andere Werkzeuge für ihre Erdentüchtigkeit aus dem Stock gebildet. Sie haben dabei die untere, der Erde zugewandte Seite des Stockes umgeformt.

Der Königsstab ist kein Werkzeug. Aus ihm haben sich Abt-, Bischofs-, Erzbischofs- und Papststab entwickelt, Mahnmale des Aufrechten und der Aufrichtigkeit. Dabei wurde das obere Ende des Stabes umgeformt, das gen Himmel weist.

Fehlen an einem Stab der untere und der obere Teil, so bleibt die Mitte übrig, wo die Hand den Stab umgreift. Ein solcher Stab ist das *Zepter*.

Und plötzlich kann es einem wie Schuppen von den Augen fallen, und wir erkennen an dem Stock und an dem, was aus ihm geworden ist, die ganze Vielfalt des irdisch-menschlichen Lebens in ihrer *Dreigegliedertheit* von Wirtschaftsleben, Geistesleben und Rechtsleben: Das Werkzeug gehört in den Bereich des Wirtschaftslebens, der Stab des Bischofs als kultisches Symbol in den Bereich des Geisteslebens, das Zepter symbolisiert das Rechtsleben.

Die drei Weihnachtsspiele aus Oberufer sind von einer Tiefe, die man nicht auszuschöpfen vermag. Man kann sie nicht oft genug sehen! Und wenn man sich bemüht, zu verstehen, welche Weisheiten in ihnen verborgen liegen – wie es solche Menschen tun, die sich zu Kumpaneien zusammenfinden, wie es auch zum Beispiel die Lehrerschaften der Freien Waldorfschulen tun, die diese Spiele immer wieder für die Schüler und Eltern aufführen – dann wird man sich nicht daran stoßen, sondern es als eine Auszeichnung ansehen, wenn ein Unverständiger sagt: »Die mit ihren Weihnachtsspielen …«[4]

Die Sternschere

Das merkwürdigste unter den Requisiten der drei Weihnachtsspiele aus Oberufer ist die Sternschere des Sternsingers im Christgeburtspiel.

In dem Vortrag »Das Weihnachtsfest im Wandel der Zeiten«, den Rudolf Steiner am 22. Dezember 1910 in Berlin gehalten hat, kommt er auf diese ›Sternschere‹ zu sprechen.[5] Ausgehend von der Disharmonie zwischen der weihnachtlichen Stimmung und der zivilisatorischen Umwelt, wie sie besonders in den großen Städten herrscht, schildert er die dörfliche Weihnacht der zweiten Hälfte des 19. Jahrhunderts:

»Das ist das Wesentliche, daß gerade zu dieser Weihnachtszeit und in den Tagen und Wochen, die um sie herum waren, die Stimmung es war, in welche die Herzen ergossen waren und in welcher sie alles aufzunehmen vermochten, was ihnen in einfacher Weise, in unmittelbarer Darstellung vor die Seele gebracht wurde, an welcher das ganze Dorf teilnahm … Man fühlte sich einig mit dem, was aus den Sternen, was aus den Wochen, was aus der Jahreszeit sprach, und man ließ sich erzählen von dem, was man fühlen wollte und sollte, durch die zuletzt einfach mit einem weißen Kittel nur noch angetanen, mit einer papierenen Krone auf dem Kopf herumgehenden ›Sternsinger‹, *von denen*

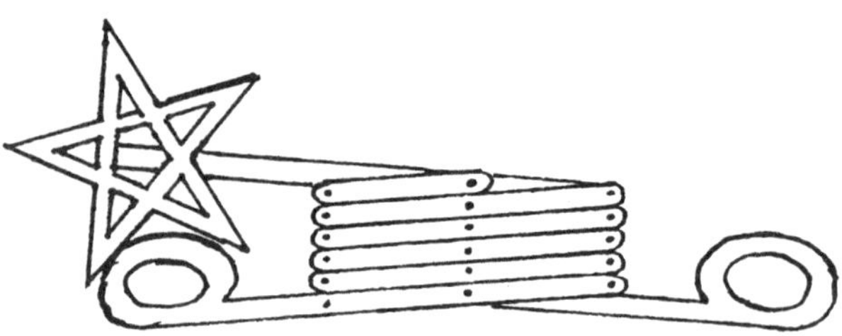

Abb. 14. Sternschere, zusammengeklappt

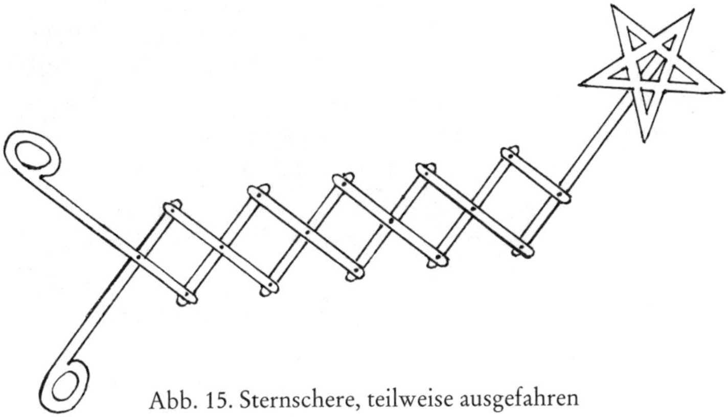

Abb. 15. Sternschere, teilweise ausgefahren

einer einen Stern trug, der an einer Schere befestigt war, so daß er in der Lage war, diesen Stern weit wegzutreiben. Da schritten sie durch die Dörfer, blieben vor den Häusern stehen und brachten ihre einfachen Dinge dar. Und alles, worauf es ankam, war, daß man gerade in dieser Zeit und gerade mit so gestimmten Herzen dasjenige aufzunehmen vermochte, was eben in dieser Zeit in die Seelen der Menschen hineindringen sollte.«

Dann schildert Rudolf Steiner eigene Erinnerungen am Beispiel des Liedes der ›Oberschützener Sternsinger‹:

»Solche Dinge waren so, daß das ganze Dorf daran teilnahm. Bei einer entsprechenden Zeile [des Liedes] wurde dann zum Beispiel der Stern weit vorgetrieben. Es war dieser Weihnachts- oder Drei-Könige-Stern der Ausdruck für das Zusammenstimmen von Jahreszeit, Festeszeit und Menschenherzen. Das ist das Große gewesen, was sich durch Jahrhunderte hindurch über ein weites Gebiet unserer ganzen Erde wie ein Zauberhauch in die einfachsten Gemüter hinein ausgebreitet hat ...

So dürfen wir glauben, einiges Verständnis dafür zu gewinnen, wie in solchen früheren Zeiten die ganze Weihnachtszeit, namentlich bei den Völkern der verschiedenen deutschen und westeuropäischen Gegenden, eigentlich getaucht war in festliches Begehen, und wie mit den einfachsten Mitteln ein solches festliches Begehen erreicht werden konnte ... Wenn wir durch die Jahrhunderte zurückgehen, so würden wir finden, wie über weite Gegenden hin, wenn diese Zeit herannahte, Weihnachtsspiele gespielt worden sind, wo die ganzen Dörfer teilgenommen haben an dem, was dargestellt worden ist.«[6]

Die Eindringlichkeit, mit der Rudolf Steiner immer wieder auf die Stimmung hinweist, berührt einen stark. Mit dem Gemüt wurde das Weihnachtsgeschehen ergriffen, nicht mit dem Intellekt. Und mit den *einfachsten Mitteln* konnte dies erreicht werden, und zwar über weite Gegenden Deutschlands und Westeuropas hin.

Die von Karl Julius Schröer und anderen im 19. Jahrhundert gesammelten Weihnachtsspiele, »die wie letzte Reste von alten Spielen gespielt worden sind, sind nur noch Ruinen. Wir schauen aber dabei zurück auf noch frühere Zeiten, auf Zeiten des 16., 15., 14. Jahrhunderts und so weiter...«[7]

In der Ansprache vom 6. Januar 1918, die Rudolf Steiner in Dornach vor der Aufführung der ersten beiden Oberuferer Weihnachtsspiele gehalten hat, spricht er davon, »daß schon im 12. Jahrhundert ein Adam und Eva-Spiel durch ganz Europa gespielt wurde.«[8]

Was einen verwundern kann, ist Rudolf Steiners Bemerkung, daß sich die Spielenden der einfachsten Mittel bedienten, um die weihnachtliche Stimmung zu erzeugen oder zum Ausdruck zu bringen. Wir können ihm ohne weiteres folgen im Hinblick auf den einfachen »weißen Kittel« oder die »papierene Krone auf dem Kopf«. Gilt das aber auch für die Sternschere? Wäre das einfachste Mittel nicht eine Holzstange gewesen?

Rudolf Steiners Schilderung der Sternsinger ist doch wohl so zu verstehen, daß sie das allerletzte Überbleibsel sind von einst weit verbreitetem weihnachtlichem Brauchtum und daß die Ausstattung im Lauf der Jahrhunderte immer einfacher und schlichter geworden war: »...zuletzt einfach mit einem weißen Kittel ..., mit einer papierenen Krone auf dem Kopf.«

Wenn wir diese Entwicklung der Vereinfachung ernst nehmen, dann ist es unwahrscheinlich, daß die Sternsinger in den früheren Jahrhunderten ihren Stern an Stern*stangen* und nicht etwa an Stern*scheren* getragen haben. Da eine Stange doch zweifellos einfacher ist als eine Schere, hätte beim Stern eine Entwicklung weg vom Einfachen stattgefunden, also gegenläufig zur Gesamtentwicklung.

Daß die Sternstange bei den Sternsingern jünger ist als die Sternschere, zeigen die heutigen Sternsingerbuben, die ja noch immer in den Bergen Bayerns und Österreichs von Haus zu Haus gehen und mit Kreide die drei Buchstaben K*M*B für Kaspar, Melchior und Balthasar zusammen mit der Jahreszahl, also etwa

19 * K * M * B * 97

auf die Stürze der Haus- und Stalltüren schreiben. Sie tragen ihren Stern an einer Stange.

So dürfen wir also annehmen, daß mit Bezug auf die Befestigung des Sternes zur Zeit Rudolf Steiners sich noch nicht die allereinfachste Form eingestellt hatte und daß die Sternschere die in den Weihnachtsspielen und Sternsingerumgängen ursprünglich verwendete Tragevorrichtung des Weihnachtssternes war.

Nehmen wir nun die Zeitangaben hinzu, die Rudolf Steiner zur Entstehung der Weihnachtsspiele gemacht hat, dann kommen wir in eine Zeit, in der das technische Prinzip der Sternschere von den Ingenieuren noch nicht entdeckt worden zu sein scheint.

Dieses Prinzip, bei dem mehr als nur ein Schenkelpaar scherenartig miteinander in der Weise verbunden sind, daß an den Spitzen der ersten beiden Schenkel die Anfänge der nächsten beiden Schenkel (sozusagen deren Fingerlöcher) gelenkartig ansetzen, wird erstmals zu Beginn des 15. Jahrhunderts erwähnt. Nach Franz Feldhaus,[9] der eine solche Anordnung eine ›Nürnberger Schere‹ nennt, finden sich die ersten Hinweise bei Konrad Kyeser aus Eichstätt an der Altmühl in dessen konstruktiven Entwürfen von 1405 (Scherenverbindungen zwischen Pontons einer Brücke; Fanghaken auf Mauern [Wilde Schangen], um Angriffswerkzeuge zu fassen und wegzuziehen; Sturmleitern). Scherenleitern werden seit 1472 (Valturio) in den technischen Werken dargestellt, auch Leonardo da Vinci kennt sie. Zur Übertragung von Bewegungen an Maschinen wurde die Nürnberger Schere mit einem gewissen Erfolg vor allem von Juanelo Turriano verwendet, der 1568 ein damals stark beachtetes, von vielen besuchtes und oft abgebildetes Wasserhebewerk baute (die sogenannte ›artificio‹, also eine ›Wasserkunst‹). Es förderte Wasser des Flusses Tajo zur Versorgung der Burg von Toledo und arbeitete immerhin 80 Jahre lang (Hubhöhe 90 Meter, Leistung 162 hl in 24 Stunden, also 675 l/h). Weitere Erwähnungen der Nürnberger Schere finden sich 1588 bei Ramelli und später bei anderen Autoren.

Allen ist gemeinsam, daß sie Konstrukteure waren, die für das Konstruktionsprinzip ›Nürnberger Schere‹ offensichtlich nach Anwendungen suchten. Außer beim Wasserhebewerk am Tajo blieben Erfolge aber im wesentlichen aus, und nur in wenigen Anwendungen hat sich das Prinzip durchgesetzt und erhalten (Scheren zum Heranziehen und Wiederwegschieben von Wandlampen und Telefonkonsolen; Näh- und Werkzeugkästen; Scherengitter als verschiebbare Absperrungen von Hauseingängen an der Gartenseite, in Gefängnissen, Käfigen, an Baustellen oder Grenzübergängen; scherenförmige Topfuntersetzer für den Tisch, Hubtische und Scherenstative).

In humoristischer Weise fand die Nürnberger Schere auf Jahrmärkten Verwendung. Bauchladenhändler zum Beispiel hatten Kasperlpuppen am freien Ende angebracht und fuhren damit Vorbeiziehenden ins Gesicht, um auf sich und ihr Angebot aufmerksam zu machen. Der »Gruß vom Cannstatter Volksfest« aus dem Jahre 1898 zeigt einen solchen Vorgang vorn in der Bildmitte. Man könnte sich denken, daß dieser Spaß eine lange Tradition bei solchen kleinen Händlern hatte, die von Markt zu Markt zogen, und vielleicht zeigt sich hier eine Profanierung des Sternscherengebrauches aus weihnachtlichen Spielen.

Wie es scheint, gehörte also die ›Nürnberger Schere‹ schon früher zu den Weihnachtsspielen. Sie würde dann jener technischen Entwicklungsstufe entstammen, die vor dem Zeitalter der großen individuellen und daher namentlich bekannten Kon-

Abb. 16. Gruß vom Cannstatter Volksfest, 1898

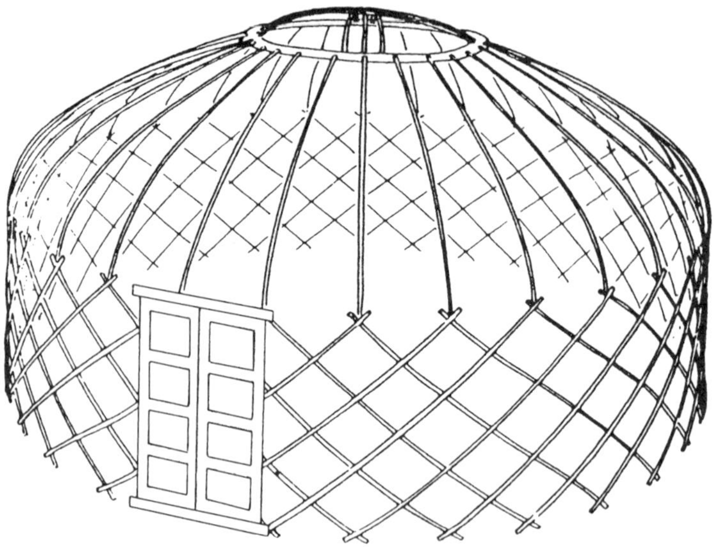

Abb. 17. Holzkonstruktion einer mittelasiatischen Jurte (Wandscherengitter, Dachsparren, Dachkranz und Tür)

strukteure lag, das man nach ihnen auch das ›Zeitalter der Erfindungen und Entdeckungen‹ nennt. Man müßte eigentlich etwas genauer vom ›Zeitalter der *individuellen* Erfindungen‹ sprechen, denn große Erfindungen gab es natürlich schon vorher. Es könnte sogar sein, daß Konrad Kyeser die Nürnberger Schere bei Weihnachtsspielen oder weihnachtlichen Umzügen kennengelernt hat und als begeisterter Techniker nun nach anderen Anwendungsmöglichkeiten suchte.

Die Nürnberger Schere gab es noch in einem anderen Zusammenhang. Auch hier tritt sie offenbar schon vor dem ›Zeitalter der (individuellen) Erfindungen‹ auf, und hier war sie ganz allgemein in Gebrauch und weit verbreitet. Es handelt sich um ihre Anwendung bei den Zelten der nomadisierenden Steppenvölker Mittelasiens,[10] der *Jurte* (russisch ›Kibitka‹).

»Ihr festes Gerippe besteht aus vier verschiedenförmigen hölzernen Konstruktionselementen:

1. den Seitenwänden aus (mindestens vier) zusammenschiebbaren Scherengittern,
2. einer der Größe der Jurte entsprechenden Anzahl von speziell gebogenen Dachsparren,
3. einem kreisrunden Dachkranz mit gewölbtem Quersparrenkreuz und
4. einem Türrahmen mit zwei Türflügeln, die allerdings auch fehlen und durch einen Filzvorhang ersetzt werden können.«[11]

Diese Zeltkonstruktion ist von außerordentlicher Zweckmäßigkeit und zugleich Einfachheit:

»Die Kibitke besteht aus einem Holzgerüst, das außen mit Matten bzw. Filz belegt wird und sich wieder aus drei Teilen zusammensetzt, der kreisrunden Wand, den Dachsparren und dem Dachkranz. Die Wand wird von sechs, acht oder zehn etwa halbmeterbreiten und anderthalbmeterhohen Gittern gebildet, die senkrecht nebeneinander im Kreise aufgestellt und durch Stricke miteinander verbunden sind. Die Gitterstangen laufen kreuzweise übereinander, sind an den Kreuzungspunkten durchbohrt und mit kurzen, durch vorgelegte Knoten am Ausrutschen gehinderten Riemen verschnürt und lassen sich in diesen Scharnieren so verschieben, daß das Gitter schmaler und breiter, und damit der Zeltzylinder enger und weiter gemacht werden kann.

Der Bau der Kibitka darf als ein Kunstwerk hinsichtlich der praktischen Lösung des Problems eines Nomadenzeltes gelten, in einer halben Stunde ist er abgebrochen, in einer Stunde aufgestellt und mit dem ganzen Inhalt fix und fertig wieder eingerichtet...«[12]

Nimmt man noch hinzu, daß die gesamte Kibitka – also Gerüst und Beläge – auf zwei Kamelen transportiert werden kann, dann sind das Daten, die den Anforderungen eines modernen, anspruchsvollen Campingbetriebes spielend gerecht würden. Die Kibitka ist eine Erfindung, die nicht nur in vollkommenem Einklang mit der Natur steht, sondern die sich mit ihren stabilisierenden Scherengittern auch technisch als einer jener ›Treffer ins Schwarze‹ erweist, die alle Urerfindungen auszeichnet. Im Gegensatz zu ihnen haben die ›individuellen Erfindungen‹ der Neuzeit bei aller Pfiffigkeit den Charakter des ›Künstlichen‹, des ›Hergeholten‹; sie verraten Gedanken- und Entwicklungsarbeit, sie haben ›Kinderkrankheiten‹, und mit der Natur – heute heißt das natürlich ›Umwelt‹ – harmonieren sie meist nicht besonders gut. Erst jetzt am Ende des 20. Jahrhunderts beginnt die Umweltverträglichkeit allmählich eine größere Bedeutung zu bekommen. In dem Buch *Weisheit der Wildnis*[13] wird im Artikel ›Mongolei‹ beschrieben, wie die Jurte (Kibitke) auch heute noch unverändert benutzt wird.

Kehren wir zur Sternschere zurück, dann müssen wir uns fragen, welchen Sinn es hier in den Weihnachtsspielen hatte, ein doch relativ kompliziertes Gerät zu verwenden. Um ein reines Tragen des Sternes kann es nicht gegangen sein; das ist einfacher und stabiler mit einem Stock zu bewältigen. Es muß also wohl darum gegangen sein, daß man den Stern mit Hilfe der Schere »wegstoßen« kann, wie es Rudolf Steiner ausdrückt, ihn also näher zu sich holen und dann wieder weiter von sich entfernen kann. Rudolf Steiner sagt nicht, bei welcher Zeile des Sternsingerliedes der Stern »weit vorgetrieben« wurde; er sagt aber, daß der Stern »Ausdruck für das Zusammenstimmen von Jahreszeit, Festeszeit und Menschenherzen« war. Dieser Satz weist uns über den Moment des Weihnachtsfestes im Jahreslauf hinaus auf die *Dynamik des kosmischen Geschehens* hin: So wie die Sonne der Erde einmal näher ist, dann wieder weiter von ihr entfernt, so ist es auch mit den Sternen, mit den Planeten ebenso wie mit den Fixsternen. Zwischen den Gestirnen spielt ein höchst kompliziertes Sich-Nähern und Sich-Entfernen. Auch die Menschenseele schwingt rhythmisch: weit hinaus in den Weltenraum, dann wieder ganz herein ins irdische Geschehen. Das spielt sich im Tagesrhythmus zwischen Schlafen und Wachen ab, es spielt sich aber auch im Jahresrhythmus ab, nur zunächst nicht so leicht für uns zu verfolgen. Es ereignet sich im großen Geschehen von Geburt und Tod, also im Wechsel des ›Auf-die-Erde-Kommens‹ und des ›Die-Erde-Verlassens‹, –

und in vielen anderen Rhythmen, wie sie uns Rudolf Steiner in seinem Werk geschildert hat: Vom Atemrhythmus des einzelnen reicht das bis zu den Werde- und Daseinsrhythmen des Weltenganzen.

Betrachtet man dieses gewaltige, vielfältige dynamische Geschehen, dann kann man wirklich sagen: Die Sternschere mit ihrem veränderlichen Abstand zwischen Stern und Träger verbildlicht es in *allereinfachster Weise*. Ja, erst unter diesem Gesichtspunkt wird der Begriff ›einfachstes Mittel‹ überhaupt sinnvoll!

Zugleich müssen wir uns korrigieren: Die ›Vereinfachung‹ der Sternschere hin zur Sternstange ist eine Vereinfachung *nur* im Hinblick auf das Befestigungs- und Tragemittel für den Stern, *nicht* im Hinblick auf das Mittel, durch das die Menschen auf den dynamischen Prozeß allen Seins eingestimmt wurden. Beim Übergang von der Schere zur Stange ging dieses Moment verloren – und zwar so vollständig, daß wir es ohne die andeutenden Hinweise von Rudolf Steiner nicht mehr finden könnten.

Auf etwas anderes müssen wir unser Augenmerk noch richten: Die Sternschere kann nämlich auf zweierlei Art getragen werden. Entweder die Schere wird so gehalten, daß alle Hölzer waagerecht liegen, auch der Stern, alle Gelenkbolzen also senkrecht stehen, oder aber so, daß die Hölzer senkrecht stehen, die Bolzen also waagrecht liegen.

Bei der ersten Haltung bildet die ausgefahrenen Schere – von der Seite her gesehen – einen sanften Bogen, der Stern ist nicht zu erkennen:

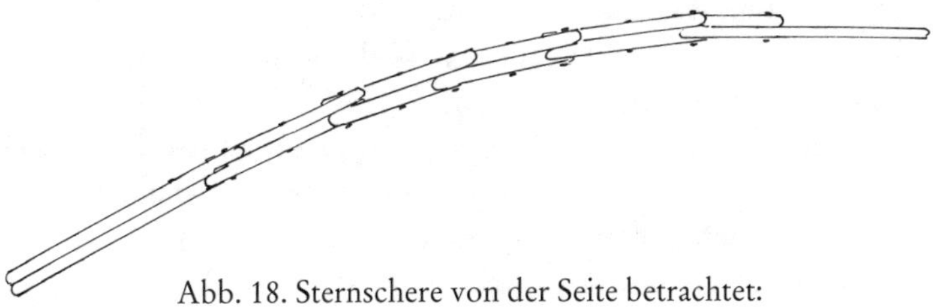

Abb. 18. Sternschere von der Seite betrachtet:
die Hölzer liegen waagrecht

Bei der zweiten Haltung bildet die ausgefahrene Schere eine Gerade, an deren Ende der Stern erkennbar ist:

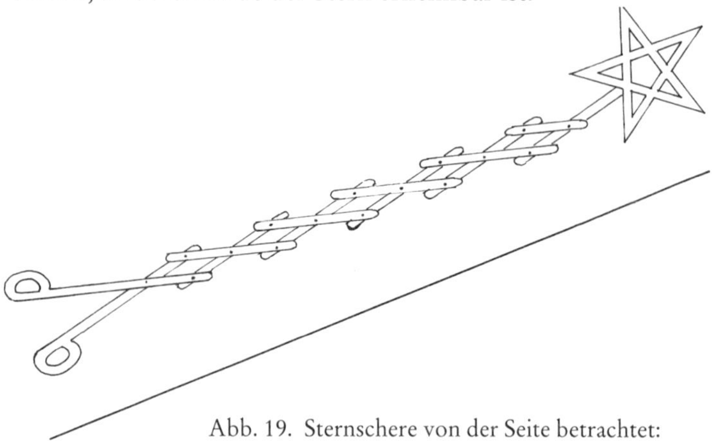

Abb. 19. Sternschere von der Seite betrachtet: die Hölzer stehen senkrecht

Bei den Aufführungen des Christgeburtspiels hat sich die erste Haltung allgemein durchgesetzt. Der Sternsinger – er ist ja meist mit der Gestalt des Hirten Witok identisch – geht als erster der Hirten hinter Joseph. Er fährt seine Schere bei den Umgängen so weit aus, daß der Stern genau über Maria steht. Die Zuschauer sehen den sanften Bogen der Sternschere, der aus der Brustregion des Sternsingers aufsteigt und im Stern über dem Haupt der Maria endet. Sie sehen den Stern nicht, aber sie wissen natürlich, daß er das Ende des Bogens bildet und nun über Maria steht.

Der Scherenbogen erinnert fast ein wenig an den Schweif eines Kometen, wie man ihn oft über Weihnachtskrippen dargestellt findet. Er kontrastiert stark zu der strengen, senkrechten Geraden der Sternstange des Engels Gabriel.

Stellen wir uns einmal vor, der Sternsinger hielte seine Schere auf die zweite Art. Dann würden die Zuschauer den Stern erkennen können – aber er bildete das Ende eines ›Jägerzaunes‹, dessen starre Gerade sich nicht harmonisch in den lebendigen Rhythmus der umherziehenden Kumpanei einfügte und man

Abb. 20. Lithographie nach Angaben von Karl Julius Schröer. Hier wird die Sternschere wie ein ›Jägerzaun‹ gehalten, so daß sie eine starre Gerade bildet – vielleicht nur auf der Abbildung zum besseren Erkennen?

sieht sofort: so darf die Sternschere nicht gehalten werden!

Es gibt eine Farblithographie, die Karl Julius Schröer 1860 hat anfertigen lassen, »um das Treiben dieser, wie es scheint, letzten Träger einer alten volksmäßigen Bühnenkunst auch von dieser Seite der Vergessenheit zu entziehen und es den Freunden volkstümlicher Sitten und Gebräuche vorzuführen.«[14] Helmut Sembdner hat diese Abbildung wieder aufgefunden und veröffentlicht.[15]

Hier hält der Sternsinger seine Sternschere in der zweiten Haltung. Man kann vermuten, daß diese Haltung wegen der besseren Erkennbarkeit von Stern und Schere gewählt wurde; sicher ist das indessen nicht. Sollte die Schere in Oberufer allerdings stets wie abgebildet gehalten worden sein, dann wird wohl die heute allgemein übliche erste Stellung auf die Neueinrichtung der Spiele durch Rudolf Steiner zurückgehen, wie so vieles andere in den Spielen auch.[16]

Man könnte sich allerdings gut vorstellen, daß der Sternsinger seine Schere ausnahmsweise so stellt, wenn er dem Wirt Servilus, der sich an der Begrüßung der Sternschere nicht beteiligt, sondern sich gelangweilt abwendet, die Sternspitze in den dicken Bauch piekt.

Warum? Ganz einfach: so kann er nämlich besser *zielen*! In diesem Augenblick gebraucht er Schere und Stern ja als Waffe – wenn auch nur zum Spaß. Die dann sichtbare starre Gerade der Schere würde Lanzencharakter erhalten und an die Stäbe der Könige und die Sternstange des Engels erinnern. Diese haben ja auch etwas von einem Speer oder einer Lanze; allerdings ist *ihre* Geradheit in doppeltem Sinne friedevoll: dadurch, daß sie senkrecht gehalten werden und dadurch, daß ihre Lanzenspitzen in Knospen oder Blütenkelche verwandelt sind, daß aus der Spitze des Engelstabes gar ein Stern erblüht ist.

Betrachtet man im Hinblick auf diese beiden möglichen Haltungen ganz allgemein die Nürnberger Scheren, dann fällt auf, daß sie immer dann, wenn sie mechanische Kräfte übertragen sollen, ausnahmslos in der zweiten Stellung (vgl. Abb. 19) angeordnet sind. Lediglich als Topfuntersetzer auf dem Tisch ›liegt‹

die Schere in der ersten Stellung (vgl. Abb. 18), aber hier werden eben keine Kräfte übertragen, die Schere ›zielt‹ in keine Richtung. Sie wird ausgelegt, dann wird sie ›belegt‹, und sie ›erduldet‹ passiv die Belastung ohne jegliche ›Aktion‹, man könnte fast sagen: ganz friedlich. Ohne Übertreibung kann man daher diese erste Stellung die ›friedliche‹ nennen. Es ist damit auch *gedanklich* faßbar, was man als richtig *empfindet*: der Sternsinger muß seine Schere waagrecht halten.

Kehren wir zum Ausgangspunkt unserer Betrachtung zurück. Rudolf Steiner bettet die Erwähnung der Sternschere ganz intensiv in die Schilderung der weihnachtlichen Stimmung ein. Zur Erzeugung dieser Festesstimmung dienten die allereinfachsten Mittel, zu denen also auch die Sternschere gehörte – ganz zurecht, wie sich zeigte.

Vielleicht hat sich mancher Leser gefragt, was die technischen Betrachtungen im Zusammenhang mit den Weihnachtsspielen, mit den weihnachtlichen Sternsingerumzügen und vor allem mit der weihnachtlichen *Festesstimmung* bedeuten sollen.

Diese Frage ist nur zu berechtigt. Sie führt uns zur Enthüllung der Tatsache, daß die frühe Technik in einem ganz anderen Verhältnis zum Menschen und zur Entwicklung der Menschheit stand, als es seit dem Beginn des ›Zeitalters der (individuellen) Erfindungen und Entdeckungen‹ der Fall ist. Jene erste Stufe der Technik, die in Europa bis in das 15. Jahrhundert hinein vorherrschte und später noch lange maßgebend blieb, stellte sich selbstlos in den Dienst der Menschheitsentwicklung. Dazu gehörte es, in besonderer Weise die Menschen einzustimmen auf bestimmte geistige Vorgänge und Wahrheiten, mit denen man sich durch die Feste verband. Die Technik half mit, jenen Zauberhauch bis in die Gemüter hinein auszubreiten, der über weiten Gebieten lag; diese Technik stand nicht nur ganz im Einklang mit der Natur, sondern mit dem Werden des Menschengeschlechts.

Das ist ein großes Weltengeheimnis. Es ist gut, sich das klar zu machen, denn es ist die Aufgabe einer *dritten Stufe* der Technik, sich wieder *dienend* in den Weltenlauf einzufügen.

Über die Umgänge der Kumpanei

Die Umgänge als Besonderheit der Spiele aus Oberufer

In allen drei Weihnachtsspielen aus Oberufer tritt neben den Einzelpersonen immer wieder die Kumpanei als Ganzes in Erscheinung. Der Zuschauer kann sich erinnert fühlen an den Chor im griechischen Theater. Von diesem unterscheiden sich die Auftritte der Kumpanei aber in verschiedenen Punkten.

Einmal spricht die Kumpanei kein einziges Wort; sie bringt sich vielmehr nur durch Gesang zu Gehör.

Zum zweiten ist die Kumpanei kein Chor, der zu den Einzelpersonen hinzukommt, sondern sie besteht aus diesen einzelnen. Jedes Kumpaneimitglied hat seine Einzelrolle, und jeder einzelne Spieler ist Mitglied der Kumpanei. Bei den Gesängen der Kumpanei fallen alle Spieler in den Gesang mit ein und unterbrechen für die Augenblicke des gemeinsamen Gesanges ihr individuelles Spiel.

Der dritte Unterschied ist der merkwürdigste: die Umgänge.

In jedem der drei Spiele wird der Gang der Handlung auf der Bühne mehrmals unterbrochen. Die Spieler erheben sich von ihren Plätzen oder verlassen ihre sonstigen Positionen und ziehen in bestimmter Reihenfolge singend im Gleichschritt in den Saal. Entweder gehen sie an der Außenwand des Saales entlang und umschreiten so alle im Saal sitzenden Zuschauer, oder aber sie gehen nur um das Proszenium herum. In jedem Fall verlassen sie die Bühne; auf ihr wird während dieser Umgänge *nicht* agiert.

Was geschieht da nun eigentlich? Und wie wirkt das?

Die Spieler verlassen den ›Ort des Geschehens‹, die Ebene der Handlung; aber nur vorübergehend.

Für die Zuschauer bleiben ›die Bretter, die die Welt bedeuten‹, leer zurück. Das Bild erlischt, es bleibt der Klang. Wir sehen die Spieler nicht mehr, aber sie sind immer noch da und wir hören sie; durch ihren Gesang sprechen sie weiter zu uns. Dem Auge entschwinden die Geschehnisse; an ihrer Stelle entstehen beim Hören *innere* Bilder, die Aktivität der Hörenden richtet sich ganz nach innen. Einerseits hat nun plötzlich jeder der Anwesenden seine eigenen Bilder, wodurch eine Individualisierung eintritt. Andererseits sind alle bei diesen Umgängen viel stärker als vorher mit dem Geschehen und miteinander verbunden, weil sie als eine Gemeinschaft umfangen werden von der Spielerschar, der sie sonst nur gegenübersitzen. Es spielt sich also ein sehr dynamischer Prozeß ab, bei jedem einzelnen wie bei der Gesamtheit.

Und die Spieler? Sie brechen mit dem gemeinsamen Gesang auf, sie lassen alles zurück, gewissermaßen auch ihr individuelles Spieler-Dasein. Gemeinsam durchschreiten sie *den* Raum, der *nicht* die Bühne ist. Und singend schreiten sie als Gemeinschaft einem neuen Auftritt auf eben dieser Bühne entgegen.

Es korrespondiert mit dem dynamischen Prozeß der Umgänge sowohl für Zuschauer als auch für Spieler eine innere Dynamik in rhythmischem Wechsel:

Innen – Außen
Einzelner – Gemeinsamkeit
Mittelpunkt – Umkreis

Spiel	*Umgang*
Sprache	Gesang
individuelles (Da-)Sein der Zuschauer wie der Spieler	gemeinsames (Da-)Sein der Zuschauer wie der Spieler
gemeinsames äußeres Bild	individuelles inneres Bild
Geschehen im ›Mittelpunkt‹	Geschehen im ›Umkreis‹

Spiel:

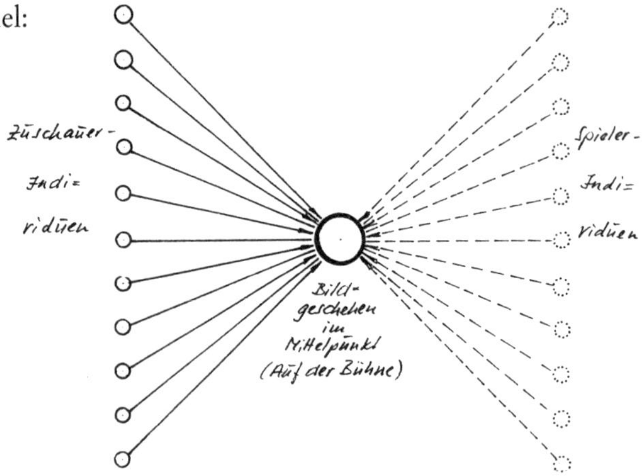

Spieler gestalten das Bildgeschehen auf der Bühne – Zuschauer erblicken dort das gemeinsame Bild.

Umgang:

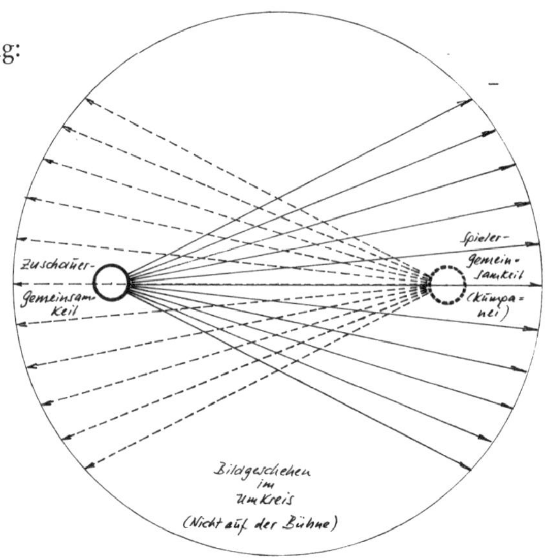

Kumpanei singt das Geschehen in den Umkreis hinaus – Auditorium lauscht in den Umkreis hinaus und ›sieht‹ individuelle Bilder.

Nun ist zu betrachten, was die Kumpanei eigentlich bei ihren Umgängen singt.

Die Umgänge im Dreikönigspiel

Der erste Umgang erfolgt, nachdem sich die Heiligen Drei Könige vorgestellt haben. Der gemeinsame Gesang lautet:

> Wie schön leucht uns der weisen stern!
> Gewiß muß uns der kenig der erdn
> In diese welt sein kumma.
> Ach weisen, liabste weisen mein,
> Sagt mir do dieses wahrhaft rein,
> Woher habt ir's vernumma?
> Lustig,
> Rüstig,
> Eilt von ferne
> Nach dem sterne,
> Zu dem lande,
> Da der kenig der erdn sich fande.

In Betrachtung des schönen Sternes der Weisen wird es zur Gewißheit: der König der Erde muß zu uns auf die Welt gekommen sein. Aber ihr Weisen, woher wißt ihr es? Jedenfalls: macht euch auf die Reise, eilt von fernher dem Sterne folgend in das Land, wo der König der Erde sich eingefunden hat!

Es folgt im Spiel die Szene, in der die Könige sich treffen. Sie sind von ihren Ländern bereits aufgebrochen, haben also getan, wozu sie der Kumpaneigesang aufgefordert hat. Der Gesang blickt voraus, kündigt das Kommende an, leitet über zur nächsten Szene.

Nachdem sich die Könige getroffen und ausgetauscht haben, setzen sie ihre Reise gemeinsam fort. Der nächste Umgang erfolgt:

Die weisen von Herodis zeit,
Wol aus den morgenland so weit,
Als sie nun kumman gen Jerusalem dar,
Da Christus schon geboren war.
Sie fragten in der stadt hier frei,
Wo der neue kenig geboren sei,
Der den juden verheißen war,
Sie sullten's ihn' anzeign klar.

Nach diesem Umgang wechselt die Szene in den Palast des Herodes. Kaum ist Herodes aufgetreten und hat sich vorgestellt, wird ihm die Ankunft der drei Weisen gemeldet, die ihm den Zweck ihrer Reise eröffnen und ihn um Mithilfe bei der Suche nach dem Messias bitten.

Wieder hat der Gesang der Kumpanei also den Kern des Geschehens der nachfolgenden Szene vorweggenommen.

Herodes kann den fragenden Weisen den gesuchten Aufenthalt zwar nicht genau nennen, aber merkwürdigerweise verweist er sie immerhin auf Bethlehem. Dorthin begeben sich nun die Könige ohne zu zögern, aber doch in würdevoller Ruhe. Kaum sind sie fort, ist im Palast des Herodes die Hölle los – im wahrsten Sinne des Wortes!

Nachdem der Teufel den Herodes wieder alleingelassen hat, folgt der nächste Umgang:

Mit God so lassn ma unser gesängelein klingen!

Als nu Herodes die red vernumma – – –
Sie ziachn ålle drei,
Der stern leucht ihn' voranne,
Zu Bethlahem täte der stern still stan.

A kind geborn zu Bethlahem
In diesem jår,
Des freuet sich Jerusalem.
In diesem jår frolocken wir,
Die muater des Herrn preisen wir
Mit ihrem kindalein zart,

Mit ihrem kindalein zart.
Christus den Herrn, den eren wir
Mit anem lobgesang,
Mit anem lobgesang.

Hier liegt es in dem krippalein,
In diesem jår,
Ahn ende wärt die herrschaft sein. –
In diesem jår frohlocken wir,
Die muater des Herrn preisen wir
Mit ihrem kindalein zart,
Mit ihrem kindalein zart.
Christus den Herrn, den eren wir
Mit anem lobgesang,
Mit anem lobgesang.

Es hat den Anschein, daß der Liedtext hier verstümmelt ist. Er wird zwar in dieser Form, die Leopold van der Pals vertont hat,[17] seither gesungen, aber befriedigend ist er nicht. Die erste Strophe besteht aus vier Zeilen (oder aus fünfen, wenn man die Eröffnungszeile hinzuzählt), während die zweite und dritte je aus zehn Zeilen bestehen. Auch dies könnte auf verlorenen Text hindeuten. Hierauf soll später noch einmal zurückgekommen werden. Diese zweite und dritte Strophe nun schildern die Geburt des Kindes in der Krippe zu Bethlehem. Jerusalem freut sich, nicht enden wird seine Herrschaft. Beide Strophen klingen aus in einem jeweils siebenzeiligen Frohlocken und Lobpreisen der Mutter des Herrn, des Kindes und schließlich Christus des Herrn. Wieder greift der Kumpaneigesang voraus, denn die nachfolgende Szene zeigt uns, daß die drei Könige das Kind finden. Sie verlieren zwar kurz vor ihrem so lange gesuchten Ziel den führenden Stern vorübergehend aus den Augen und drohen hilflos in die Irre zu gehen – als hätte ihr Kontakt zu Herodes und dessen Nähe zu Teufel und Hölle ihnen die klare Sicht genommen. Erst das inbrünstige Beten des Königs Caspar öffnet König Melchior den Blick zur Erkenntnis der Wegverzweigung und schließlich König Balthasar wieder den Blick für den Stern. Sie sind am Ziel, und sie preisen das Kind und seine Mutter, wie die Kumpanei es gesungen hat.

Der vierte und letzte Umgang folgt auf den Selbstmord des Hauptmanns. Die Kumpanei jauchzt und jubiliert über die Geburt des Christus, des Sohnes der Maria, der alles Weh von uns genommen hat, und bittet um Hilfe, daß wir bald zu ihm kommen mögen. Auch hier also weist der Kumpaneigesang auf die Zukunft, wenn auch mehr allgemein, denn es folgt ja keine Handlung mehr im Spiel.

Die Umgänge im Christgeburtspiel

Ganz ähnlich wie im Dreikönigspiel weisen auch im Christgeburtspiel die Kumpaneigesänge auf das Kommende hin, sie bilden Vorblicke auf die folgenden Szenen. Der erste Umgang folgt auf die Begrüßung durch den Engel. Die Kumpanei singt:

Als der gütige God
Vollenden wollt sein wort,
Sant er an engel schnell,
Mit namen Gabriel
Ins galiläische land
In die stadt Nazaret,
Da er a jungfrau het,
Wird Maria genannt,
Josef nie hat erkannt,
Dem sie vertrauet war.

Es wird also auf die Verkündigung der Maria hingedeutet, die unmittelbar danach gespielt wird. Es ist eine ganz kurze Szene, auf die der zweite Umgang folgt:

Weil Maria schwanger ging
Zu Augusti zeiten,
Da die prophezeiung ging,
Niemand durfte streiten,
Ward vom kaiser angesatzt,
Daß a jeder werd geschatzt,
Dös ward ina geboten.
Da ging jedermann zum urt
Und zur stadt seiner geburt,
Ward gehorsam g'funden.

Kaiser Augustus leget an
Die erst schatzung auf jedermann,
Da macht sich Joseph auf die fart
Mit Maria, der jungfrau zart.
Von Nazaret ins jüdisch land
In sein stadt, Bethlahem genannt.
Wia sie nun kumma gen Bethlahem dar,
Maria ihr sönalein gebar.

Hier wird also die Schwangerschaft der Maria geschildert bis zur Geburt des Sohnes, und es werden die politischen Umstände aufgeführt, die der Anlaß zu dem vorübergehenden Ortswechsel von Joseph und Maria nach Bethlehem waren. Genau dies wird daraufhin in Szene gesetzt.

Wenn das Kind geboren ist, vernehmen wir zunächst den herzinnigen Wechselgesang von Maria und Joseph im Stall neben der Krippe, in das sie das Jesuskind gelegt haben. Daraufhin folgt der vierte Umzug der Kumpanei, dieses Mal allerdings ohne Joseph und Maria. Es wird das Lied gesungen, das dann auch im Dreikönigspiel als zweite und dritte Strophe des dritten Umgangliedes erklingt: »A kind geborn zu Bethlahem ...«

Wird dieses Lied im Dreikönigspiel gesungen, ehe die Könige die Krippe gefunden haben und selbst feststellen können: »Hier liegt es in dem krippalein ...«, also als ein Vorblick, so ist es hier im Christgeburtspiel die Beschreibung der eingetretenen, gegenwärtigen Situation. Hier hat der Gesang keinen vorauseilenden Charakter, sondern den eines besonderen Betonens, eines Hindeutens auf ein eingetretenes Geschehen von außergewöhnlicher Bedeutung. Wir stehen also ganz in der Gegenwart, und das paßt zu der Tatsache, daß Maria und Joseph bei diesem Gesang nicht der singenden Kumpanei angehören. Dieser vierte Umgang fällt also aus dem Rahmen der anderen Umzüge heraus; er hat am ehesten den Charakter des Chores der griechischen Tragödie.

Der fünfte und letzte Umzug, der auf das Hirtenspiel folgt und mit dem das Christgeburtspiel endet, beschreibt die Christgeburt als das große Heilsgeschehen:

Reich und arm sullen fröli sein
An diesem heutigen tag,
Uns ist geborn a kindalein,
Das ålle ding vermag.
Dazua a halig ist;
Sei nam heißt Jesus Christ,
Um unser oller missetat
Vom himel kumman ist. –
O mensch bedenk, wia Jesus Christ
So goar an ålle scheu
Zu Bethlahem geboren ist
In aner ålten scheun,
Wird in a kripp geleit,
Wia uns die schrift anzeigt,
Wölch's do der hechste kenig ist
Auf erdn wait und brait.

Dazwischen finden noch zwei kleine Umzüge statt, allerdings nehmen nur die Hirten daran teil: einmal Stichl, Gallus und Witok, ehe sie nach Bethlehem ziehen, das andere Mal alle Hirten unter Einschluß des Crispus, nachdem sie von Bethlehem wieder zurück sind:

Lustige hirten, freudige knåbn,
Die guate lust zum singen håbn:
Heja wol auf, und laßt uns singn
Guater dingn, lustig springn.
David, an tåpferer hirtenjung,
David erfreut uns herz und zung. –

Lustigs gsängla bei den schofn,
Wenn es uns nit beliebt zu schlofn,
So singan ma das God zu eren,
Wer wüll's weren, wer wüll's weren?
Eia, wer is, der's übel auslegt,
Sintemal's auch der David pflegt. –

Nach aner schlåcht und küenen tåten,
Auserwölt zum potentaten,
Muaß er a den scepter füeren,
Welt regieren, juden zieren.
Jedermann auf den David deut:
Sans die hirten nit wåckere leut?

Das zweite Lied:

Und die hirten wolgemuat
Waren bei den schåfn,
Täten fleiß bei irer huat
Und legten sich schlåfn.
Zu ihna tråt an engel schnell
Und God leuchtet um sie hell,
Daß sie sehr erschröken.
Der engel sprach: Fürchtet eng nicht,
I bring eng ani neue geschicht,
Wüll eng freid erwecken.

In beiden Gesängen tritt ein neues Element auf, nämlich ein *Zurückblicken*. Im ersten Lied ist es die ausdrückliche Rückbesinnung auf König David, ihr großes Leitbild, auf den sie sich innerlich abstützen und auf den sie so stolz sind, weil er wie sie selbst ein Schafhirt war, ehe der Ruf des Königtums an ihn erging. Im zweiten Lied blicken die Hirten noch einmal zurück auf die Anrufung des Engels, auf die Nacht, in der sie so plötzlich von dem hellen Lichte Gottes umgeben waren, »daß sie sehr erschröken«.

Es ist ein Zurückblicken auf das gewaltigste Ereignis in ihrem Leben.

Es kann im ersten Augenblick vielleicht etwas verwundern, daß ausgerechnet diesen Gesang auch der vierte Hirt Crispus mitsingt, der ja bei der Verkündigung nicht bei den anderen drei Hirten auf dem Felde war. Der Widerspruch löst sich, wenn man sich daran erinnert, daß Crispus die von Bethlehem heimkehrenden Hirten mit der Frage empfängt:

> Was bringt ir denn für zeitung nei,
> Is woar, was das volk mȧcht für a gschrei?

Crispus weiß also bereits Bescheid, ›man‹ weiß schon um die Geburt von Bethlehem. Der Engel des Herrn hat dieses Weltengeschehen noch mehr Menschen verkündet – nur haben sich diese Menschen nicht auf den Weg gemacht nach Bethlehem – oder noch nicht.

Die Umgänge im Paradeisspiel

Im ersten Umgang, nach der eröffnenden Begrüßungsansprache des Baumsingers, beginnt die Kumpanei mit einer Bitte an den Herrn: ›Aus dem Grunde meines Herzens steigt das Lied auf, das mir mein Gemüt eingibt. O Herr, schenke mir auch die rechten Worte – es wird ein Lied zu Deinem Lobe sein!‹ Wer wird hier nicht erinnert an Homers Bitte: »Singe mir, Muse, die Taten ...!« Dann schließt sich mit wenigen Worten die Schilderung des Paradieses an.

Es folgt präludierend das spielbestimmende Motiv vom

Baum der Erkenntnis in der Mitte des Paradieses, von dessen Früchten zu essen Gott verboten hat:

Singa wüll i aus herzens grund,
Weils gibt das gemüete mei,
O Herr, gib mirs in meinen mund,
Das kummt zum lobe dei;
Denn du bist do mei God,
Red i an ållen spot,
Der ålle ding erschåffen håt
Und regiert nach seinem rat;
Nun preiset imer God.
A baama in der mitten stot,
Der trug gar kestliche fricht;
Den in verbot der liabe God:
Sie sollen davon nicht
Essa von baames stam,
Sollten fei müßig gan.
Der baam sollt sei das leben,
Darum wüll God nit håben,
Daß sie essa davon.

Danach erst begrüßt der Engel die Zuschauer. Nach diesem englischen Gruß folgt der zweite Umgang der Kumpanei. Sie beschreibt die Situation des gegenwärtigen Wintermorgens:

Wie küel scheint uns der morgen,
Die sunna leit verborgen.
    God loben ma schon
    Im hechsten thron.

Dann stellen sich die Sänger vor: woher sie kommen und daß sie die Anwesenden mit Freuden ›ansingen‹:

Ma kuma daher von Babylon,
Und singan eng ålli mit freiden ån.
    God loben ma schon
    Im hechsten thron.

Weiter lautet der Text:

Als God in seiner herrligkeit schwebt,
Erschuf er ålles, wås da lebt.
  God loben ma schon
  Im hechsten thron.

Ja, ålli tiere zam und wild,
Danach erschuf er des menschen bild.
  God loben ma schon
  Im hechsten thron.

Im ånfang schuf God ålli ding,
Die erd und a den himmelring,
  God loben ma schon
  Im hechsten thron.

A schuf God das gânzi firmament,
Darauf zwoa großi liachter stend.
  God loben ma schon
  Im hechsten thron.

Oans is der tag, das ander nåcht,
Das hat God ålles gar wol gemåcht.
  God loben ma schon
  Im hechsten thron.

Er schuf den Adam mit ganzem fleiß
Und setzt ihn in das paradeis.
  God loben ma schon
  Im hechsten thron.

Hier tritt mit der dritten Strophe beginnend etwas ein, was uns bei den bisherigen Umgängen der Gesamtkumpanei noch nicht begegnet ist, was nur bei den beiden Hirtenliedern anklang: ein Rückblick auf bisheriges Geschehen. Es ist ein Zurückschauen auf das Unerhörte, Gewaltige, die Erschaffung der Welt. Dieses Geschehen ist so gewaltig, daß es die Kumpanei gar zweimal besingt.

Das Ende des Liedes, die achte Strophe, schildert die Erschaffung des Menschen. Man kann darin ebenfalls einen zweiten Rückblick sehen; man kann aber auch die uns schon vertraute Figur des Vorblickes darin erkennen, denn das Gesungene wird im folgenden gespielt.

Adam wird erschaffen. Adam erfährt die ersten Unterweisungen von Gottvater, und er erhält sein erstes Gebot.

Im dritten Umgang tritt uns das Zurückschauen ein zweites Mal entgegen:

Adam erkennt seinen schepfer ebn,
Der alls und jedes hot gegebn.
  God loben ma schon
  Im hechsten thron.

Er gab ihm ålli früecht mit fleiß
Ållhier z'aner köstlichen speis.
  God loben ma schon
  Im hechsten thron.

Nur an baam, der wird ausgenumma,
Daß er nit sullt zu schaden kumma.
  God loben ma schon
  Im hechsten thron.

Der baam sollt wissen bes und guat,
God spricht: das behalt in deinem muat.
  God loben ma schon
  Im hechsten thron.

Erst mit der fünften Strophe wendet sich der Blick der schreitenden Sänger wieder dem zukünftigen Geschehen zu:

God ließ fallen a schlåf so tief
Wol auf den Adam, und er schlief.
  God loben ma schon
  Im hechsten thron.

A rieben nahm er aus Adams leib,
Daraus schuf er Adam a weib.
  God loben ma schon
  Im hechsten thron.

Im vierten Umzug beschränkt sich der Rückblick auf die Feststellung des paradiesischen Zustandes, in dem Adam und Eva sich befinden – und doch klingt in der Zeile: »Ålls war zu ihrem dienst bereit« in denkwürdiger Weise der ganze Schöpfungsvorgang an, der mit der Erschaffung des Menschenpaares seinen Höhepunkt und Abschluß gefunden hat.

Dann richtet sich der Blick wieder nach vorne, und gerade durch diese eine Zeile wird uns erst so recht zum Bewußtsein gebracht, welche Weltentragik in dem liegt, was nun kommt:

Alsbald der teufel es inne war,
Kam er hamli geschlichen dar.
  God loben ma schon
  In hechsten thron.

In aner schlangen weise
Wol in das paradeise.
  God loben ma schon
  Im hechsten thron.

Das Gesungene wird gespielt. Das Spiel gipfelt in der Versuchungsszene. Stehend singt die Kumpanei hinein in die Spannung: ›Wird Eva der Versuchung widerstehen oder ihr erliegen?‹

Sie brach den apfel von dem zweig
Und gab ihn z'essa Adams weib.
  God loben ma schon
  Im hechsten thron.

Dies weist also wiederum hin auf das Kommende.

Als auch Adam in den Apfel gebissen hat, folgt der fünfte Umgang mit seinen beiden Strophen. Knapper kann wohl nicht zusammengefaßt werden, was geschehen ist:

Sie gab dem Adam a davon,
Da wurden seine augen aufgetân.
  God loben ma schon
  Im hechsten thron.

Und knapper, als es hier geschieht, kann nicht die weit in die Menschen- und Weltenzukunft hineinwirkende Folge der Tat formuliert werden:

Und als er aße zu der stund,
Da ward die ganze welt verwund't.
  God loben ma schon
  Im hechsten thron.

Vielleicht ist hier in besonderer Weise die Zweiheit von Rückschau und Vorblick erlebbar. Sie ist allerdings so knapp, wie zu Formeln auskristallisiert, daß ein Umgang auf die beiden Strophen kaum möglich erscheint; entsprechend werden die Strophen gewöhnlich auch im Stehen gesungen, ebenso wie die vorangegangene Ankündigung: »Sie brach den apfel von dem zweig, Und gab ihn z'essa Adams weib«, obwohl das Textbuch ausdrücklich von Umgang spricht.

Der sechste Umgang ist der letzte. Nachdem der Satan über den Erfolg seiner Verführungskünste triumphieren will, wird er von Gottvater in seine Schranken gewiesen. Dann spricht der Herr die Schlußworte des Spiels:

Siach hier, wie is Adam worden so reich:
Einem Gode is er worden gleich.
Er was das bes und a das guat,
Da er sei händ aufhebn tuat
Und lebet danach ewiglich.

Auf den ersten Blick: reine Gegenwart. Beim näheren Eingehen offenbart sich aber die zeitliche Abfolge von Vergangenheit, Gegenwart und Zukunft. Auch die singende Kumpanei durchschreitet in ihrem letzten Umgang Vergangenheit, Gegenwart und Zukunft:

O hoalige Dreifaltigkeit,
O gettlich regament,
Den tod, teufel und a die hell,
Die håst du åll zertrennt.
Und håst das ewige lebn
Uns ålle wieda gebn.
Sei hochgelobt in ewigkeit!
God, der åll unser gedanka woaß,
Er wüll uns sei reich geben.

Die Zweiheit von Rückblick auf das Geschehene und Vorblick auf das Kommende, die sich uns bei den Umganggesängen des Paradeisspiels zeigt, harmoniert in wunderbarer Weise mit der Bewegung, die die Kumpanei bei ihren Umgängen vollzieht: Entfernt sie sich von der Bühne, dann läßt sie zunächst alles hinter sich. Das soeben Geschehene aber klingt in den Gemütern nach, kommt den Personen zum Bewußtsein und kann von ihnen in Worte gefaßt werden. Ein innerer Wandlungsprozeß ist die Folge. Im erneuten Hinschreiten auf die Bühne zu dokumentiert sich der Entschluß zu weiterer Tat. Nichts kann einfach bleiben, wie es ist, Handlungen und Taten verlangen und bewirken neues Tun. Das ist der Lauf der Welt. Im jeweils zweiten Teil der Umgänge strebt die Kumpanei der Spieler willenskräftig dem nächsten Akt entgegen.

In seiner archaisch strengen Architektur wirkt das Paradeisspiel besonders erhaben auf den Besucher. Im eingehenden Studium der Umgänge enthüllt sich die Gesetzmäßigkeit von Rückschau und Vorblick in den Liedern, die in den anderen Spielen fehlt. Wir dürfen wohl annehmen, daß das Paradeisspiel älter ist als die beiden anderen Spiele. Vielleicht muß man etwas vorsichtiger formulieren: ebenso wie sein Stil entspricht auch seine Struktur einer älteren Stufe.

Das Fehlen der Rückschau bei den Umgangsgesängen von Christgeburt- und Dreikönigspiel ist zweifellos ein Verlust. Das soll nicht heißen, es seien Textstellen verlorengegangen. Verlorengegangen ist das Empfinden von der Notwendigkeit des Zurückschauens. Es ist, als hätte sich die Stimmung breit gemacht: ›Was soll uns die Vergangenheit? Laßt uns voranschreiten!‹ Dadurch kommt ein verstärkter dynamischer Zug in die Spiele, ein promovierendes Element. Zugleich geht das Element tieferer innerer Verbundenheit mit dem Schicksalsgeschehen verloren. Einfacher ausgedrückt: Die Frage ›Was ist eigentlich geschehen?‹ wird hinweggefegt von der Frage ›Und dann?‹

Die Vorblicke der Umganggesänge bekommen durch das Fehlen des entgegengesetzten Elementes der Rückblicke etwas wie Kapitelüberschriften, und sie werden nicht mehr so sehr wichtig genommen: ›...wir sehen ja eh gleich, wie es weitergeht!‹

Eine einzige Stelle in den beiden anderen Spielen läßt vermuten, daß hier ein Rückblick stattgefunden haben könnte. Es ist der offenbar unvollständig erhaltene Text im Lied »Als nu Herodes die red vernumma« am Ende der ersten Herodesszene im Königspiel. Aber das ist natürlich nur eine Vermutung. Träfe sie zu, wäre eben in jedem der beiden Spiele wenigstens noch ein Restanklang da an die Zweiheit seelisch-geistigen Seins, in das menschliches Tun eingebettet ist.

Schwierigkeiten beim Verständnis der Umgänge

Man kann immer wieder beobachten, daß bei den Aufführungen der Weihnachtsspiele den Umgängen die geringste Aufmerksamkeit entgegengebracht wird.

Es ist schmerzhaft, erleben zu müssen, wie die Geschlossenheit der Spiele immer wieder aufgebrochen wird, weil während der Umgänge im Saal Unruhe aufkommt. Sie geht von solchen Anwesenden aus, die in den Umgängen nur eine skurrile Art von Pausen mit Gesangsuntermalung sehen, also keine *wesentlichen Elemente* des Spiels selbst. Besonders bei Schüleraufführungen richtet sich bei den Umgängen oft die ganze Aufmerksamkeit darauf, welcher Lehrer welche Rolle spielt, wie er oder sie geht, geschminkt ist, spielt, singt und spricht, man tauscht seine Beobachtungen und seine Meinung mit den Sitznachbarn aus, dreht sich in der Betrachtung der umherziehenden Kumpanei mehrfach um oder zupft womöglich den Teufel am Schwanz.

So störend das alles für ein Aufnehmen der Spiele in ihrer jeweils geschlossenen Einheit auch ist, man kann das Kinderverhalten natürlich verstehen. Aber auch viele Erwachsene betrachten die Umgänge als Pausen. Sie reden vielleicht nicht wie die Kinder, aber sie lassen in ihrer Aufmerksamkeit stark nach und versäumen dadurch ebenso wie diese die Geschlossenheit des Gesamtspiels. Es entgeht ihnen das besondere Element des Zeitenwebens, das so innig mit unserem Willensleben verbunden ist und auf dem der zwar nicht kultische, aber ans Kultische grenzende Ernst dieser großen Kunstwerke wesentlich mitberuht .

Auf zwei Ursachen für das Nichtverstehen möchte ich eingehen, weil sie von den Spielern selbst veranlaßt werden, also ›hausgemacht‹ sind und Unaufmerksamkeit geradezu provozieren, – weil sie aber auch behoben werden können.

Unverständlich gesungene Texte

Der eine Grund für das Nichtverstehen ist die häufig fast vollkommene Unverständlichkeit der Lieder, die meist zu stark vokalisch gesungen werden. Macht man sich das bewußt und gesteht es sich ein, dann kann man dem Übel – es ist wirklich eines! – auch abhelfen: durch exaktes Lernen der Texte; durch Üben der Aussprache; durch Drehen des Kopfes zum Publikum; durch dichteres Aufrücken, damit die Kumpanei nicht zu weit auseinandergezogen wird; vor allem durch harte Arbeit am Miteinander-Singen. Wird hier bei den Proben geschlampt, ist es unmöglich, daß die Umgänge vom Publikum als vollwertige Bestandteile der Spiele erkannt und entsprechend aufgenommen werden. Ein ›Schlampen‹ liegt zum Beispiel auch dann vor, wenn ein Spieler nicht bei allen Proben anwesend ist – von Anfang bis Ende. Gerade bei Christgeburt- und Dreikönigspiel mit den vielen sogenannten kleinen Rollen läßt erfahrungsgemäß die Anwesenheit bei vielen Proben sehr zu wünschen übrig. Das wirkt sich nirgends so stark wie bei den Umgängen aus.

Die Anforderungen an die Spieler sind heute andere als im Mittelalter. Was aber auch heute jeder Spieler von sich verlangen muß, ist Unerbittlichkeit in Bezug auf die Anwesenheit. Daß die Proben eine große zeitliche Belastung für die Spieler darstellen, ist ganz selbstverständlich. Es sollte daher mit sehr viel größerem Ernst geprüft werden, ob man sich mit dem Einstudieren nicht übernehmen würde und darum besser davon abließe.

Über den Gleichschritt

Ein zweiter Grund dafür, daß die Umgänge oft nicht recht wirken, liegt in einer tieferen Ebene, die von vielen Menschen gar nicht wahrgenommen wird; ich habe sogar den Eindruck gewinnen müssen, daß sie von vielen Menschen gar nicht wahrgenommen werden kann. Diese Ebene ist die Art des Gehens.

Spricht man von ›Gleichschritt‹, sträuben sich vielen Menschen alle Haare. Sie erleben ihn als den Ausdruck ent-ichten ›Kadavergehorsams‹, als Inbegriff militärischer Gewaltherrschaft und Kulturzerstörung, als gleichbedeutend mit dem Niederwalzen allen blühenden freiheitlichen individuellen Lebens.

Wer eine auch nur kürzere militärische Ausbildung durchlaufen hat, wird bestätigen, daß gerade das gemeinsame Marschieren dem Ausleben individueller Eigenheiten, dem ›eigenen Trott‹, wenig bekömmlich ist. Auf Kommando anzutreten, loszumarschieren, Richtung oder Tempo zu ändern oder wieder anzuhalten ›klappt‹ in der Tat nur, wenn es so oft geübt worden ist, daß ein gegebener Befehl sozusagen unterbewußt ausgeführt wird und man nicht mehr darüber nachdenken muß, was dieser Befehl bedeutet. Etwas pointiert kann man hier von Ent-Ichung reden.

Man muß aber nicht; man kann es auch anders sehen. Man kann – zum Beispiel im Gleichschritt – auch ein freiwilliges Sich-Einordnen sehen. Darin kann der einzelne durchaus eine vorübergehende Entlastung seines individuellen Entscheidungslebens sehen, und er kann eine aus der Gemeinsamkeit kommende Kraft spüren. Wer es je probiert hat, weiß, wieviel leichter sich größere Strecken im Gleichschritt zurücklegen lassen als wenn jeder einzelne von einer Gruppe seinen persönlichen ›Stiebel‹ geht. Gerade dann, wenn kein Kommandant den Gleichschritt befiehlt, sondern wenn man ›von selbst‹ oder willentlich in gleichen Schritt fällt, kann man diese Erfahrung machen.

Sich freiwillig in Bindungen zu begeben ist nicht sehr gefragt in einer Zeit, in der immer mehr Menschen sich nur noch dann mit anderen zusammentun wollen, wenn sie zusammenpassen *so, wie sie sind*, wo immer mehr Menschen in Bindungen jeder Art nur aus der Vergangenheit kommende Fesseln sehen und nicht die in die Zukunft hinein wirkende Bündelung von Willensimpulsen. Gemeinsame Ziele, gemeinsames Wollen – die stehen nicht hoch im Kurs. Das sehen wir bei immer mehr jungen Paaren ebenso wie bei völkischen Gruppierungen. Entwicklungen sind nicht eingeplant. Sie finden natürlich dennoch statt, aber nur wider Willen, sie werden nicht eigentlich bejaht und sind daher meist besonders schmerzhaft. ›Etwas werden‹ bedeutet leider für immer mehr Menschen, daß man so, wie man ist, immer mehr anerkannt wird; sie sehen keine Aufforderung zu eigener Verwandlung.

Es ist nicht unbedingt Ausdruck einer starken Persönlichkeit, sich einem Gleichschritt nicht einzufügen! Haben sechs, zehn oder sechzehn ganz ganz individuelle Spieler – Männer und Frauen, Ältere und Jüngere, Soldaten und Hirten oder gar Wirte – den Willen, im gleichen Schritt die Umgänge zu gehen, und tun sie es und können sie es, weil sie es wirklich geübt haben, dann strahlt von einem solchen Zug eine geradezu magische Kraft aus, der sich niemand entziehen kann: Wille ist Magie; gemeinsamer Wille erst recht.

Gleichschritt heißt: auf denselben Ton anzutreten, mit demselben Fuß anzutreten, den Fuß zur selben Zeit wie die anderen mit der Ferse aufzusetzen. Die Notwendigkeit des ersten wird jeder einsehen. Steht aber eine Kumpanei so eng, daß die weiter hinten Stehenden erst loslaufen können, wenn die vorderen durch einige Schritte Platz geschaffen haben, dann besteht die Gefahr für später Antretende, in den gemeinsamen Willensstrom nicht mehr hineinzufinden.

Daß man mit demselben Fuß antreten muß, sieht schon nicht mehr jeder ein. Beim versetzten Antreten (wegen anfänglicher Enge oder nach einer Treppe) werden sehr oft die Beine verwechselt. Bei einer Kumpanei, die nicht ›auf demselben Fuß‹ läuft, ist der Willensschluß von Spieler zu Spieler unterbrochen, und weil eine solche Kumpanei auch nicht im selben Sinne nach rechts und links schwankt, strahlt auch nach außen kein gemeinsamer Wille ab.

Das dritte ist besonders heimtückisch. Empfindet ein Spieler als den Beginn seines Schrittes nicht das Aufsetzen seiner Ferse auf den Boden, sondern zum Beispiel das Vorschieben seines Körpergewichts über den aufgesetzten Fuß, dann wird er nie im Gleichschritt mit den anderen gehen, – zugleich wird er auch nie verstehen, was die anderen an seinem Gehen eigentlich auszusetzen haben.

Hier ist also vom Regisseur ebensoviel Einfühlsamkeit wie Unbeugsamkeit zu fordern.

Was oben über die Anwesenheitspflicht bei den Proben gesagt wurde, gilt für das Schreiten in noch höherem Maße als für das Sprechen oder Singen.

Hat man sich einmal von dem Vorurteil Gleichschritt = Militarismus = Unkünstlerisch befreit, dann kann einem der Blick für gemeinsames Gehen oder Marschieren in ganz neuer Weise aufgehen.

Man kann noch so manche Reste aus alter Zeit finden, die einem sehr zu denken geben. Beobachtet man beispielsweise das Marschieren der verschiedenen Cliquen beim ›Morgenstraich‹ (Basler Fasnet), dann taucht man plötzlich in mittelalterliche, womöglich noch ältere Verhältnisse ein. Es ist mit Händen zu greifen, wie die Pfeifer und Trommler der Cliquen beim Antreten wie in ein gemeinsames Boot einsteigen, wie sie vom Losmarschieren an eine freiwillige Gemeinsamkeit bilden, deren Geschlossenheit unübersehbar ist und magisch wirkt. Man macht sich das als Zuschauer nur nicht klar, weil Masken, Kostüme, Transparente, Festwagen und natürlich auch die Musik einen ablenken. Ähnliche Beobachtungen kann man öfter machen, als man denkt; man muß es nur tun.

In etwas anderer Weise äußert sich ›Gleichschritt‹ etwa in Schwarzafrika. Ich meine nicht die von europäischen, kubanischen, sowjetischen oder chinesischen Instrukteuren gedrillten Eliteeinheiten farbiger Herrscher, sondern das Volk in seinen Dörfern oder in den Straßen seiner Städte, wenn es bei freudigen Anlässen rhythmisch zu hüpfen beginnt: Höhere Einheiten werden geradezu sichtbar.

Im wesentlichen ist der Gleichschritt seit dem alten Ägypten durch das Militär tradiert worden. Er ist neben der hierarchischen Struktur mit Befehlsgewalt und Gehorsamspflicht ziemlich das einzige militärische Merkmal, das sich durch die Jahrtausende erhalten hat und das alle Wandlungen von Waffentechnik, Strategie und Taktik überdauert hat. Im Gleichschritt lag ein Erziehungsmittel. Das Militär deswegen als ›Schule der Nation‹ hinzustellen ist eine bedauerliche Abirrung, und ihre letzte Konsequenz kann zur erwähnten Ent-Ichung führen. Aber Dekadenz, die es immer gibt, deutet auch stets auf früher Richtiges hin.

Im Gleichschritt kann ein Sich-Finden, das Entwickeln eines gemeinsamen Wollens geübt werden, also ein Tun, das über gemeinsame Vorstellungen hinaus die Erde ergreift. Solche Gemeinsamkeiten gibt es in der Tierwelt instinktmäßig – wie hinreißend kann ein Starenschwarm in seinem gemeinsamen Flug sein, wie unbegreiflich zauberhaft ein Schwarm von Korallenfischen! – Der Mensch aber hat kein solches Instinktleben mehr, das über die Blutszusammenhänge hinausreicht. Es muß daher als bewußte Fähigkeit erworben werden, wenn Gemeinsamkeiten gewollt werden. Wir können daher im Gleichschritt ein uraltes Erziehungsmittel erkennen, oder, was ja eigentlich dasselbe ist, eine Inkarnationshilfe.

Viele alte Tempelanlagen besaßen sogenannte Prozessionsstraßen. Die Archäologen haben die Straßen ausgegraben – die Prozessionen nicht. Wie mögen die Menschen dabei gegangen sein? Ist es denkbar, daß man bei diesen frühen Gottesdiensten, bei denen die individuellen Willenskräfte vereinigt werden sollten im Gebet zum gemeinsamen Gott, durch die die Menschen zusammengeschweißt werden mußten zu kulturellen Einheiten, – ist es denkbar, dass die Menschen da etwa so geschritten sind, wie sie es heute bei Prozessionen tun oder bei den ›Demos‹, wo jeder so fürbaß schreitet, wie es ihm paßt? Sehr viel wahrscheinlicher ist es doch wohl, daß ebenso im Gleichschritt *gegangen* wurde, wie auch im gleichen Rhythmus *gearbeitet* wurde. Wie sich das rhythmische Arbeiten beim Rudern erhalten hat, nachdem im Laufe unseres Jahrhunderts das Dreschen verschwunden ist oder zuletzt das Festklopfen des Schotters unter den Schwellen der Gleiskörper von Eisenbahnlinien, so hat sich der Gleichschritt beim Militär gehalten. Das rhythmische Schritte-Setzen im gleichen Takt blieb auch eines der Merkmale beim Tanz.

Während bei den tanzfeindlichen Römern der Gleichschritt offenbar nur beim Militär kultiviert wurde, haben die nordischen Kulturen – Germanen und wohl auch Kelten – den Gleichschritt allem Anschein nach im kultischen Bereich gepflegt in sogenannten Schreit-Tänzen. Ihre Entstehung liegt noch im Dunkel der Frühzeit verborgen; gewiß hängt sie eng zusammen mit derjenigen der Flechtbandwerke. Darauf kann hier aber nicht näher eingegangen werden.

Zusammenschau

Wenden wir uns nun wieder den Umgängen der Kumpanei bei den Weihnachtsspielen aus Oberufer zu, dann haben sie durch die vorangegangenen Betrachtungen an Bedeutung für die Spiele gewonnen. Man kann den Eindruck haben, dass uns hier, ganz abgesehen von den Inhalten der Spiele, ein uraltes Motiv des Tanzes vor Augen geführt wird: Eine Gruppe von Akteuren, die auf der Bühne – ›im Leben‹ – miteinander, nebeneinander, durchaus auch gegeneinander agieren, findet sich von Zeit zu Zeit zusammen. Jeder reiht sich ein in die strenge Ordnung der Kumpanei. Diese verläßt den Ort des Handelns, taucht unter im Dunkel des Saales. Wie im Rückspiegel erscheint das verflossene Geschehen den Spielern noch einmal, es klingt in ihnen nach, es kommt ihnen zum Bewußtsein, und es kann mit Gottes Hilfe (»O Herr, gib mirs in meinen mund …«) Wortgestalt annehmen. Im zeitlichen wie im räumlichen Abstand formt sich die Rückschau.

Im Weiterschreiten der Kumpanei wandelt sich die innere Einstellung. Aus dem Betrachten des Gewordenen, an dem die Kumpaneimitglieder ja aktiven Anteil hatten, gebiert sich der Wille zur Weiterarbeit am zurückgelassenen Werk, zum Vollenden oder auch zur Wiedergutmachung. Die Kumpanei wendet sich dem vorhin verlassenen Ort wieder zu, während sich aus tiefstem Innern – aus des Herzens Grund – die Worte lösen, die beschreiben, was nun weiter geschehen muß als Folge des Vergangenen. Die Vorblicke, die Ankündigungen wirken auf die Zuschauer wie prophetische Voraussagen, aber es sind die Willensentschlüsse, mit denen die Akteure nun der Reihe nach wieder auftauchen aus dem Dunkel des Raumes, ins Licht der Bühne treten, wo wir sie sehen können, und wieder zu handeln beginnen, nun wiederum als einzelne.

Viele Völker kennen Planetentänze: Das Gehen und Wiederkommen, erneute Gehen und erneute Wiederkommen von Sonne oder Mond wird in der zweckfreien, aber geformten und geführten Bewegung des Tanzes nachvollzogen. Solche Tänze sind ur-uralt. Bei den Umgängen des Paradeisspiels wird nicht das Gehen und Wiederkommen eines Himmelskörpers nachvollzogen, sondern das *eigene* Gehen und Kommen. Das Gehen und Wiederkommen im Tag- und Nachtrhythmus, aber auch das Gehen und Wiederkommen durch die Inkarnationen hindurch, und zwar als Teil einer Schicksalsgemeinschaft. Die Umgänge sind geschrittene Bilder von *Inkarnationsvorgängen.*

Allein die Umgänge offenbaren uns: Die Weihnachtsspiele aus Oberufer sind nicht irgendein liebenswertes Bauerntheater. Das uralte, lange vor der Zeitenwende schon geübte gemeinsame Schreiten erfüllt sich hier mit dem christlichen Inhalt der Spiele; vorchristliche Form und christlicher Inhalt verschmelzen zu einem unerhörten Kunstwerk von menschheitlichem Zuschnitt.

Zur Reihenfolge der Spieler bei den Umgängen

Über die Reihenfolge, nach der die Spieler bei den Oberuferer Weihnachtsspielen als ›Kumpanei‹ die Umgänge vollziehen, wird man sich im allgemeinen nicht allzu viele Gedanken machen. Daß der Engel Gabriel bei allen drei Spielen die Kumpaneien anführt, hat sich eingebürgert, obwohl es im Textbuch anders steht.

Da heißt es für das Paradeisspiel am Anfang: »Die Companei: der Baumsinger, der Engel Gabriel, der Herr, Adam, Eva, der Teufel ...« und am Ende: »Die ganze Companei ordnet sich zum Schlußgesang mit dem Baumsinger an der Spitze.«

Im Christgeburtspiel lautet die Aufzählung der Spieler: »Die Companei: der Sternsinger, der Engel Gabriel, Maria, Joseph, der Wirt Rufinus, der Wirt Servilus, der Wirt Titus, die drei Hirten Gallus, Stichl, Witok und der vierte Hirt, Cripus, hält ihren Einzug ...«

Lediglich im Dreikönigspiel beginnt die Aufzählung mit dem Engel Gabriel und endet mit dem Teufel. Geht bei den Umgängen der Baumsinger bzw. der Sternsinger an der Spitze, dann tritt mehr der schauspielerische Charakter der Darstellung in den Vordergrund. Ist es der Engel, dann wirken die Spiele mehr als Bilder des historischen Geschehens. Ersteres war gewiß bei den Aufführungen in den Wirtshäusern besser, wenn der handfeste Baumsinger oder der Sternsinger wie eine Art Herold als erster den Weg durch die dichtgedrängten Reihen bahnte, letzteres paßt besser in unsere Säle, zumal der Sternsinger heute als eigene Rolle meist entfällt und seine Eröffnung vom Hirten Witok übernommen wird. Ebenfalls im Unterschied zu den Angaben im Textbuch folgen dann nach Maria und Joseph nicht die Wirte, sondern vor ihnen die Hirten, und diese nicht in der

Reihenfolge Gallus, Stichl, Witok, sondern Witok, Gallus, Stichl oder Witok, Stichl, Gallus, jedenfalls mit dem Witok als erstem Hirten. Das gibt dem Witok bzw. Sternsinger die Möglichkeit, seine Sternschere bei den Umgängen so zu halten, daß der Stern stets über Maria steht: eine wunderbare Geste!

Die Geschlossenheit des Kumpaneibildes erfährt durch die Umstellung noch eine weitere Steigerung, indem nun der Wirt Titus mit seiner Laterne den Schluß der Kumpanei bildet. Sein kleines Licht wirkt wie ein bescheidener irdischer Abglanz des leuchtenden Sternes an der Spitze des Zuges.

Sieht man von der Variante bei der Kumpaneispitze ab, dann beginnt die Folge der Gestalten, die die Spiele selbst darstellen, stets mit dem Engel Gabriel, und sie endet im Paradeisspiel und im Dreikönigspiel mit dem Teufel.

Das Ende des Dreikönigspiels zeigt einen Teufel, der über Herodes einen vollkommenen Sieg errungen hat. Der Teufel gibt sich mit Herodes allerdings nicht zufrieden, und er orakelt mit vielsagendem Blick auf den Hauptmann:

> Müssen no mehr hinein
> In de hellische pein,
> Nit du allein!

Nun ist aus diesem Grunde einmal ein Spieler, der den Teufel darstellte, auf den Gedanken verfallen, beim anschließenden letzten Umgang der Kumpanei die Spielerfolge umzustellen und den Teufel vor Herodes gehen zu lassen, gewissermaßen als eine Art Anführer der ›bösen Seite‹, so wie der Engel als Anführer der ›guten Seite‹ vor dieser herschreitet. Der Spieler sah eine gewisse Bestätigung seines Gedankens darin, daß der Teufel im Paradeisspiel beim Schlußumgang auch an anderer Stelle geht als bei den anderen Umgängen, nämlich nach Gottvater und vor Adam, während er sonst ja stets den Schluß der Kumpanei bildet.

Die wünschenswerte Auseinandersetzung mit den Inhalten der Spiele und mit den Formen, die diesen Inhalten gemäß sind, kann immer wieder zu Fragen führen. Das ist gut so, es vertieft das Verständnis und stärkt dadurch die Aussagekraft der Spiele bei den Aufführungen. Nicht gut ist es dagegen, wenn zur Beantwortung solcher Zweifelsfragen ›Warum eigentlich …?‹ nicht tief genug nachgedacht wird; es kann zu wirklich falschen Regieanweisungen kommen. Oder es kommt nicht dazu, aber nur aus dem Grunde, weil Regisseur oder Kumpanei oder beide die überkommenen Traditionen eben beibehalten wollen, ohne sie zu durchschauen – und das ist dann beinahe noch schlechter: Jede Frage ist ja die Chance zu einem Erkenntnisfortschritt, jede verdrängte Frage aber vertut diese Chance.

Im oben angesprochenen Fall konnte der Darsteller des Teufels dank der Autorität, die er in der Kumpanei besaß, bewirken, daß die Reihenfolge seinem Gedanken entsprechend umgestellt wurde. Weder der Regisseur noch die fünfzehn anderen Mitglieder der Kumpanei scheinen überzeugende Argumente gegen diese Neuerung vorgebracht zu haben. Tatsächlich kam es dann zu zwei Aufführungen mit der neuen Reihenfolge beim Schlußumgang.

Es könnte sein, daß ein solcher Gedanke auch in anderen Kumpaneien auftaucht; vielleicht sind dann die folgenden Überlegungen hilfreich.

1. Der Teufel ist seinem Wesen nach kein Vorbild wie der Engel, dem diejenigen aus freien Stücken nachfolgen, die das wollen, und der diesen darum voranschreitet. Der Teufel ist vielmehr der Versucher; er *sucht* die Menschen: »… wüll schaun, wo i s' kann finden«, heißt es im Paradeisspiel. Er geht ihnen nach; er verfolgt sie, um sie zu *ver*-führen.

2. Selbst da, wo dem Teufel die Versuchung und Verführung gelang, bleibt im Gefallenen ein Rest von Gewissen (»Ei, hätt i mi zuvor bedacht …« spricht der Hauptmann), der ihm eine Rückkehr ›auf den Pfad der Tugend‹, zum ›Rechten‹ ermöglicht. Das weiß der Teufel natürlich. Er kann sich nicht auf die Dauerwirkung einer einmal gelungenen Verführung verlassen; er muß wachsam bleiben, er muß ›im Auge behalten‹, auf wen er einmal sein Auge geworfen hat, er muß also weiterhin ›hinter

denen her sein‹, die er zu den Seinen machen will. Man sieht schon, welche deutlichen ›Regieanweisungen‹ unsere Sprache uns erteilt. Und außerdem: Welcher Gefangenenaufseher schreitet *vor* seinen Gefangenen einher?

Würde der Teufel durch einen einmaligen Sieg über eine Menschenseele diese so fest in seinen Gewahrsam bringen, daß sie ihm bedingungslos nachfolgen muß, dann wäre das ein Zeichen für ein recht hoffnungsloses Weltbild; dem Christentum und seiner Heilslehre entspräche es nicht. Der letzte Bitt-Gesang der umlaufenden Kumpanei verlöre jeden Sinn:

> Und hat von uns weggenumma
> Ålles weh, ålles weh, ålles weh.
> Hülf, daß ma bald zu dir kumma,
> Hülf, daß ma bald zu dir kumma.
> O Christe, o Christe.

3. Wenn der Teufel beim letzten Umgang *vor* Herodes geht, dann steht er beim Schlußbild beinahe im Zentrum der Bühne, während der Engel seinen Epilog spricht. Die *Polarität* von Engel und Teufel, die rechts und links am Bühnenrand stehen – gewissermaßen auch als Überleitung zum Reich des Unsichtbaren – entfällt. Die Gestalten der Kumpanei befinden sich plötzlich nicht mehr im dynamischen Spannungsfeld zwischen Engel und Teufel; sie stehen vielmehr, fein säuberlich nach ›gut‹ und ›böse‹ geschieden, links und rechts vom *dominierenden Teufel.*

Da dies die Schlußaufstellung des dritten und letzten Weihnachtsspiels ist, werden die Zuschauer in das neue Jahr mit einem Bild entlassen, das sagt: Der Teufel hat gesiegt! Der Teufel ist der wahre Sieger, er ist der Herr der Welt!

Vor allem für kleinere Kinder ist ein solcher Jahresbeginn schlimm. Sie werden noch nicht von persönlichen Fragen abgelenkt wie die größeren Kinder, die in den Spielern ihre Lehrer entdecken wollen und die mehr danach sehen, wer ihrer Meinung nach besser, wer weniger gut ›in seine Rolle‹ hineingeschlüpft ist. Gerade für die Kleineren sind Spiele ja *Wahrbilder*, die sie tief in sich aufnehmen, besonders beim ersten Sehen der

Spiele. Und dies – auch später – um so mehr, je weniger sie sich intellektuell mit diesen Bildern auseinandersetzen.

Nein: Der Teufel gehört nicht in das Zentrum der Spielerschar! In das Zentrum gehört der König Herodes. Seine Seele ist im besonderen zum Schauplatz des Kampfes zwischen Gut und Böse geworden, wie das fortschreitende Drama so ergreifend zeigt. Herodes repräsentiert den modernen Menschen: Ohne überkommene Bindungen, ohne ›Berufungen‹, hat er sich aus eigener Kraft zum Herrscher aufgeschwungen. Er ist das, was wir heute einen ›Erfolgsmenschen‹ nennen würden. Er ist in der Wahl seiner Mittel nicht zimperlich, um so weniger, je erfolgreicher er geworden ist, je mehr er erreicht hat und je mehr infolgedessen für ihn auf dem Spiel steht. Je mehr er sich aber seiner egoistischen Machtgier überläßt, desto anfälliger wird er für den Versucher und dessen Einflüsterungen. Aber es sind nicht nur die Einflüsterungen des Teufels, die seine Seele durchziehen. Auch das Gute regt sich noch in ihm.

Als der Gedanke des Kindermordes in ihm Platz zu greifen beginnt – ausgesprochen hat ihn der Teufel schon früher, aber Herodes scheint diese Ungeheuerlichkeit erst allmählich ganz zu begreifen – steigen auch Bedenken in seiner Seele auf, aber er verdrängt sie, nur sein Ziel im Auge, um jeden Preis an der Macht zu bleiben:

> I wüll mi sollichs unterwinda,
> Ålle knäblein in Juda lan umbringa:
> Wås ächt i, oblei ålle müeter
> Über mi schrein mord und zeter!
> Wann i nur bleib mein's reich's anerb
> Und nit so pletzli goar verderb.

In diesem Augenblick hat er die Vision der *Maria*. Auch diese Gestalt wendet sich an ihn, aber wie anders als der Teufel! Wo dieser diktiert: »Du mußt umbringa alle knäbelein ...«, stellt sie ihm vor Augen, was er eigentlich zu tun im Begriffe ist, und sie greift in seine Freiheit nicht im geringsten ein: »Seht zua, gnädiger kenig, was ir tuat. – «

Noch ein zweites Signal erreicht Herodes, diesmal kommt es von außen: Es ist der Aufschrei eines Bürgers, eines Vaters, über das Mandat:

> O waih, o waih der scharffen mandat!
> Der kenig die macht unseres lebens hat,
> Solln ma lan umbringa unsere knäbalein?
> Ach, was wird's gebn für schmerz und pain!

Aber weder die ›Stimme in seinem Inneren‹ noch die ›Stimme des Volkes‹ vermag Herodes noch zur Umkehr zu bewegen; zu sehr hat er sich in seiner Machtbesessenheit mit dieser Macht selbst identifiziert. Indem sich für ihn alles Weltgeschehen nur noch um ihn selbst dreht, hat ihn dieses Weltgeschehen verwirrt; daß er dazuhin vom Teufel verführt worden ist, erkennt er erst im Augenblick seines Todes.

Hier steht wirklich der moderne Mensch vor uns. Endlos ist die Reihe der Versuchungen, die täglich von ihm zurückgewiesen werden wollen – je nach Art und Größe der Persönlichkeit richten sie sich auf andere Schwächen. Aber ebenso häufig regt sich auch das Gewissen im eigenen Innern, treten mahnende, warnende, selbstlose Stimmen von außen an ihn heran. Der Kampf des Herodes, das spüren wir alle, ist auch unser Kampf, immer und immer aufs neue.

Das Bewußtsein dieses *ewigen inneren Kampfes* muß die Zuschauer in das neue Jahr geleiten – nicht das Bild eines siegreichen Fürsten der Dunkelheit. Nein, der Teufel gehört wirklich nicht in das Zentrum der Spielerschar.

4. Ein Vergleich mit dem Paradeisspiel ist nicht angebracht. Im ersten der drei Oberuferer Spiele wird menschheitliches Urgeschehen geschildert. Adam und Eva verlassen die geschaffene ur-eine Welt mit ihren Gesetzen »… und hobn also Godes gebot übertret'n«.

Sie werden daraufhin aus dem Paradies vertrieben; sie werden sich selbst überlassen, und das bedeutet Arbeit und Schweiß, es bedeutet Not und Angst um das tägliche Brot, es bedeutet das Gebären und Geboren-Werden unter Schmerzen.

Die geistige Welt hat die Menschen nicht verlassen – in tröstender und zugleich auffordernder Weise zeigen dies die beiden folgenden Spiele! – aber sie hat sich zurückgezogen. Und deshalb marschiert der Teufel nun nicht mehr am Ende der Kumpanei, sondern hinter Gottvater. Das heißt aber nicht, daß er nun etwa Adam, Eva und den Baumsinger ›anführt‹.

Der geschilderte Vorfall zeigt, wie sich leicht mit einer scheinbaren Kleinigkeit eine schlimme Fehldeutung des Weltengeschehens einschleichen kann.

Anmerkungen

1 Zuerst erschienen in ›Erziehungskunst‹, Monatsschrift zur Pädagogik Rudolf Steiners, Dezember 1990
2 Wolfgang Borchert, *An diesem Dienstag*, in ›Das Gesamtwerk‹, Hamburg 1949, S. 191
3 siehe Ernst Guhl und Wilhelm Koner, *Das Leben der Griechen und Römer*, Berlin ^{6}1893, S. 317
4 Zuerst erschienen in ›Freie Waldorfschule am Kräherwald. Mitteilungen‹, Weihnachten 1994
5 Rudolf Steiner, *Das Weihnachtsfest im Wandel der Zeiten. Weihnachten – ein Inspirationsfest*, in *Wege und Ziele des geistigen Menschen. Lebensfragen im Lichte der Geisteswissenschaft* (GA 125), Dornach 1973, S. 233f. Die Hervorhebung erfolgte durch den Autor.
6 Ebd., S. 234f.
7 Ebd., S. 237f.
8 Rudolf Steiner, *Ansprachen zu den Weihnachtsspielen aus altem Volkstum* (GA 274), Dornach 1974, S. 46
9 Franz Feldhaus, *Die Technik der Vorzeit, der geschichtlichen Zeit und der Naturvölker*, Wiesbaden ^{2}1970
10 Auch Feldhaus weist darauf hin; siehe Anm. 9
11 *Aus Jurten und Bazaren. Tradition und Wandel im sowjetischen Orient*, in ›Veröffentlichungen zu Ausstellungen der Völkerkunde-Sammlung der Hansestadt Lübeck, Reihe Wandtexte‹, Heft 5, 1988, S. 24
12 Richard Karutz, *Unter Kirgisen und Turkmenen. Aus dem Leben der Steppe*, Berlin 1924, S. 66f. und S. 69
13 Claus-Peter Lieckfeld (Hrsg) in Zusammenarbeit mit der Umweltstiftung WWF-Deutschland, *Weisheit der Wildnis. Unser Umgang mit der Erde*, München 1993
14 zitiert in Helmut Sembdner, *Unbekannte Mitteilungen Karl Julius Schröers zu den Oberuferer Weihnachtsspielen*, in ›Erziehungskunst‹, Dezember 1963. Die Lithographie wurde 1860 von Karl Julius Schröer als Beilage zur Leipziger Zeitschrift ›Faust‹ erstmals veröffentlicht.
15 Siehe Helmut Sembdner, *Unbekannte Mitteilungen Karl Julius Schröers zu den Oberuferer Weihnachtsspielen*, in ›Erziehungs-

kunst‹, Dezember 1963; sowie in Helmut Sembdner, *Die Oberuferer Weihnachtsspiele im Urtext. Karl Julius Schröers Fassung von 1858 mit der Andenauer Handschrift und dem anonymen Erstdruck von 1693*, Stuttgart 1977

16 In diesem Zusammenhang sind die Erläuterungen Schröers zu der Abbildung von besonderem Interesse – siehe dazu den Artikel von Helmut Sembdner, Anm. 15

17 Leopold van der Pals, *Lieder und Chöre zu den Oberuferer Weihnachtsspielen. Spiele aus altem Brauchtum, mitgeteilt von Karl Julius Schröer. Texte und Noten für Klavierbegleitung*, Dornach [9]1995

Die im Text wiedergegebenen Zitate aus den Oberuferer Spielen sind folgender Ausgabe entnommen: *Weihnachtsspiele aus altem Volkstum. Die Oberuferer Spiele. Mitgeteilt von Karl Julius Schröer. Szenisch eingerichtet von Rudolf Steiner mit einem Aufsatz von Rudolf Steiner*, Dornach 1976

Bert Voorhoeve

Bilder als Quelle innerer Kraft

Phantasietraining durch Bildarbeit
252 Seiten, kartoniert

Bilder spielen in unserem Leben eine wichtige Rolle: Bilder in Zeitschriften, Film und Fernsehen, als Fotografie, Werbespots usw. Wir sind von einer derartigen Bilderflut umgeben, daß wir fast vergessen, dass es auch noch andere Bilder gibt, die durch innere Aktivität erzeugt werden. Sie können zu einer seelischen Kraftquelle werden, wenn man kreativ mit ihnen umgehen lernt.
Bert Voorhoeve gibt eine Fülle von Anregungen für den schöpferischen Umgang mit Bildern durch Spiele, künstlerische Umsetzung und szenische Darstellung.
Ein Buch zum Nachsinnen, voller Anregungen und Denkanstöße für den persönlichen Umgang mit Bildern sowie praktischen Hinweisen für die Bildarbeit in Gruppen und mit Kindern.

Eckehard Waldow / Thomas Wilhelm

Freizeit? Krise oder Chance?

Phantasie für neue Wege
360 Seiten, gebunden

Ganze Industriezweige haben sich die Phantasielosigkeit der Menschen zunutze gemacht. Wünsche und Willensimpulse werden durch Werbung angeregt. Kann eine erfüllte Freizeit- und damit Lebensgestaltung erlernt und anerzogen werden? Fragen und Probleme zu diesem Thema werden nach Altersstufe geordnet vom Kleinkind bis zum Erwachsenen behandelt. Ein umfassender praktischer Teil enthält Denkanstöße und Arbeitsmaterialien zur bewußten Freizeitgestaltung.

URACHHAUS